大展好書 好書大展

大展好書 好書大展

超現實心靈講座 12

驚世奇功揭秘

傅起鳳／編著

大展出版社有限公司
DAH-JAAN PUBLISHING CO., LTD.

前　言

好奇之心人人皆有。從一九七九年四川發現有個叫唐雨的小孩，耳朵能夠辨認文字以來的十幾年中，一股特異功能熱時起時伏，報刊上不時報導腋下認字、天目觀書；他心通、意念移物、意念治病、靈鴿附體等頗帶神秘色彩的特異現象。

心理學家、人體科學研究家、氣功師、新聞記者、科普研究者，對這些神秘現象各自作出了自己的解釋和判斷，討論這方面問題的書籍文章數以百計。

仁者見仁，智者見智，作為魔術研究工作者，看到任何特異現象，很自然地會把它與魔術聯繫起來分析研究，從中吸取與本專業有用的營養。

十多年來，我們陸續搜集了一些剖析特異功能的資料，把它與我們掌握的古今魔術技法加以比較，發現目前國內外流行的特異功能中，確實有不少是魔術技法而為，特別是使用了一些近於失傳的、長期隱匿在巫術中的魔術技法。

從魔術發展史的角度來看，特異功能熱的興起，在某種意義上來說是對古代魔術技法、古代魔術表演方式的挖掘。

現在我們把一些屬於魔術範疇的「特異功能」匯集起來，目的在於為進一步繁榮魔術創作，提供一些參考與啟示。

某些「特異功能」表演者，確實發揚了傳統魔術中的一些特色，比如巧妙地使用魔術門子；巧妙地營造最適合取得神秘效果的演出氣氛；巧妙地利用傳統文化背景，把自己的小魔術與天地鬼神人體科學聯繫起來；巧妙地引導觀眾參與他的演出，使觀眾認為奇跡是自己親身體驗的。

逼真細緻的表演，口若懸河地賣口，守口如瓶地保持秘密，其中的一些表演形式、技巧是今天的專業魔術師和魔術愛好者們所忽視、缺乏的，許多傳統的魔術技法和表演形式值得我們思考借鑒。當然借鑒不等於照搬，而是去理解它，把其中好的東西融合在自己的創作中。

魔術不論以什麼樣的形式出現，它的本質都是一種智力運動，就像下圍棋、打橋牌一樣，需要有敏捷獨特的創意和巧妙嫻熟的技法。

我們希望本書能引起廣大讀者對智力開發的興趣。

本書在編撰過程中，得到特異功能研究家、魔術史研究家的大力支持。為了保持在不同情況下魔術表演的原貌，揭開某些魔術秘密真諦，書中直接引用了唐再豐、郭正誼、司馬南、劉樹正、傅騰龍、劉靜生、馬克•威爾遜、徐秋等先生著作中的某些段落。

謹向所有支持和幫助我們的朋友，和為本書提供文圖資料的同仁們，致以深深謝意。

目錄

第三章　意念控制與搬運法

第四章　硬氣功與婆羅門伎

第一章

魔術與特異功能的歷史淵源

當今人們心目中普遍認為，魔術是一種表現超常現象的表演藝術，它展現的一切奇跡都是人為的，是巧妙地應用科學原理，加以藝術處理，製造出種種幻象，因此魔術又稱為幻術。特異功能則是氣功修練到高深程度而產生的一種能力。兩者之間似乎風馬牛不相及。可是在中國傳統文化這個特殊背景下，魔術與特異功能卻存在著十分複雜而微妙的關係。

從魔術發展史的角度審視，魔術與超自然的神秘現象結下了不解之緣，許多魔術在不同的歷史時期曾經被認為是特異功能記錄下來。

在古代，魔術往往是由巫師、方士、道士、高僧作為神通顯現出來。其目的不是為了讓人欣賞藝術，而是在於喚起人們對天地鬼神的敬畏，對仙、佛的信仰。我們簡略的回顧一下魔術與巫術、魔術與宗教的關係，便不難理解魔術與特異功能之間的不解之緣。

魔術與巫術

在人類發展史上，當人們還不能理解和控制自然時，便只能聽命於天。古人相信萬物有靈，製造了能主宰一切的天神，隨之又出現了一批專司溝通神人之間的信使，這就是各種各樣的魔法師們。

在中國，這種神職人員，女性稱巫，男性稱覡，或稱史、祝、尹，他們就是當時的知識階層。這些人地位顯赫，古社會學家如柯文斯等，在近代的原始部落考查中都發現過占卜凶吉的魔法主宰一切的權威。

在中國，殷墟出土的甲骨卜辭，就是巫師們占卜時燒牛胛骨所留下的，當時他們辨識燒裂的痕跡來預測吉凶禍福。但是近人發現了許多只有命辭沒有印證兆辭的殘片，說明有的證詞是事後再刻上去的，這種作假痕跡可以說就是原始的魔術了。

這種情況，不單出現於中國，如古埃及，僧侶們設置創造的水晶球占卜的一系列複雜的技術，類似於中國的算命行業，內中的技術有言辭上的巧對，邏輯上的含混，更多則是採用魔術技法和機關設置。

埃及很早就有「黑魔術」和「白魔術」之稱，「黑魔術」更早，就是指這類魔法師的行為。「水晶球答問」的節目，今天還保存在魔術舞台上，當然這是古占卜業衰落之後的事了。

著名的古希臘神殿大門奇蹟：那殿門緊緊關鎖著，要頂禮膜拜的人們虔誠祈禱，加之魔法師燃燒著神火，那門就自動啟開，那現象真如≪天方夜譚≫描述的魔法師宰相帶領阿拉丁進魔窟找神燈的情景一般。後來希臘神廟門之謎終於揭開，原來是焚燒的熱產生的動力拉動了門的開關（圖1）。

僧侶和巫覡們高貴的時代，魔術並不高妙，等到階級分化、社會發展、王權上升、神權

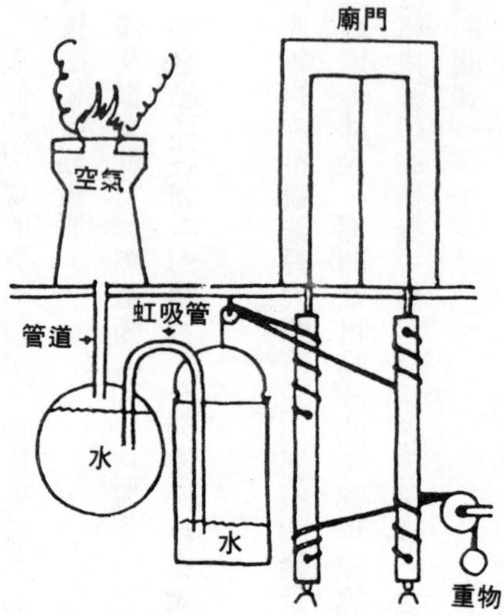

圖1　廟門自開原理示意圖

衰落成為王權附庸時，魔術才大大興旺發達起來，這是因為巫覡們敬神、愉神的各種活動，已變成愉神兼愉人的活動。在古代，人們把最美好的東西，把最純誠的心意通過巫獻給神，使神歡愉。各種集會，雖帶有宗教色彩，但更多的則是藝術表演成分。魔術，既可作愉神的供品，又可作為神通顯示使人信服。近年發現的廣西、雲南、內蒙古等地原始人的岩畫上均有頭戴羽冠的人形立獸背作法，或在衆人擁簇中表演的巫舞形狀。古埃及的占卜手形，每個指頭都雕有魔術圖像。

中國戰國時代，楚國大詩人屈原在《九歌》中描寫的湘夫人、山鬼等神職人物都是由姿容姣好的少男少女們裝扮的，都是當時的表演場面。那時，專供君主們享樂的以倡、優、女樂、侏儒為代表的藝人隊伍逐漸形成，玄妙的魔術，已作為一部分人專有的表演的手段。《晉書・夏統傳》所記載的在祭先人時，迎請二位名叫章丹、陳珠的青年美貌女巫，她們在絲竹音樂聲中撞鐘擊鼓，披髮舞蹈，拔刀割舌，藏身匿影，吞刀，吐火，完全是一場精彩的魔術表演。

在國外，這種由神職人員蛻化而出的魔術師也高手輩出。比如埃及古魔術書籍《西車之書》記載的公元前庫夫王朝的魔術師，在距今三千七百年前表演的精彩魔術：魔術師維帕涅爾，能以念咒語的方式使假鱷魚變為真鱷魚。嘉嘉內馬奇將一塊寶石投入王宮噴水池，念動咒語，那噴泉會一股分為二股，拿掉寶石後噴泉立即復原。埃及，早在相當於我國夏朝時就有了那麼高明的魔術藝人。

公元前五世紀前後，我國處於奴隸社會和封建社會交替的春秋戰國時期，出現了一個新興的知識階層——士。士，是有一技之長的人物，他們奔走於君主諸侯之間，以文士、武士、甲士、說客的身份為當權者效命。其中，「方士」，就是集奇異、巫醫於一身的神秘人物，他們以為君主訪求海外仙山、尋找不死之藥為己任，他們手中有奇技異能、幻術手法、特效藥物，以博取信任。某些人的魔術本領甚至相當高明，如今已佚的古籍《墨子枕中記》所載，他們能讓人「飛行上下」，能把人隨處隱藏，能含笑間男變為女，皺眉頭就扮成老人，蹲在地上變成兒童，他們還「執杖即成林木，種物即生瓜果可食，畫地為河，撮鹽成山，坐致行厨，興雲起火，無所不作也」（葛洪《抱朴子》）。除去其中誇張成分，說明墨子時代，掌握魔術技巧者已大有人在。

方士在秦漢兩代達到極盛，秦始皇統一六國之後，單齊地「上書言方士事」的就上萬人，他們的出現，對原始魔術的提煉並使之進化大有功勞。如西漢年間，方士欒大，在漢武帝劉徹面前作術，使兩枚棋子時而互相追逐，時而互相排斥，這一小小手法使劉徹大為驚異，甚至把公主下嫁給他。欒大，將磁石特性用於表演，並用魔術手法隨時調換外形相同的磁石棋子，實是一位高手。再如劉徹為寵妃李夫人的病逝哀傷不已，方士們布置了兩座半透明的帳篷，李夫人就時隱時現地在帳中了。這類似今天紗幕技巧的魔術，是要掌握好光線明暗變化才能奏效，兩千年前，能達到如此水平是難能可貴的。更有意思的是他的表現方法說明了當時魔術構思已很精妙周密。

比如必須使皇帝鑽進另一帳中才能觀看亡魂的做法，使用兩重紗帳，更利於燈光變化，造成虛無縹緲氣氛。而且只能遠看，不能近視，隱隱約約，才不致於拆穿西洋鏡，待皇帝鑽出帳子，走近前來，這邊早已人去幔空了。

再如《東海黃公》更是直接表現巫師法術的百戲節目。東海黃公是一位以巫祝的面目出現的魔術師，作藝於秦代，他既是玩蛇、搏虎的高手，又能作「立興雲霧、坐成山河」等魔術，表演時是穿了彩繪的衣服，束髮修飾，身佩金錯刀，先演魔術，以示神靈的力量，後弄蛇鬥虎，在當時享有盛譽，可惜後來「及衰老，氣力羸憊，飲酒過度，不能復行其術。秦末有白虎見於東海，黃公乃以赤刀往厭之。術既不行，乃為虎所殺」（《西京雜記》）。

當年黃公被猛虎咬死在作藝場上，後代人同情他的遭遇，久久不能忘懷他的精彩技藝，一百多年後在百戲中流行起來的《東海黃公》節目，由藝人扮演黃公的形象，表現他作術時的姿態動作，串演了一系列的魔術馴獸節目。

從上面幾個例子中不難看出巫術中確實使用了不少原始的魔術技法，但是無論外國僧侶或中國巫覡、方士們，他們總是諱言自己的技能是假的，不承認自己在作魔術表演。

方士也有失漏的時候，漢武帝本人也曾拆穿過這樣的把戲，那是方士預先把一幅白布塞入牛肚腹中再牽上來，聲稱牛腹內有天書，殺牛將白布取出。這事經人告發查實，劉徹怒而誅殺了這位大不敬者。

魔術與道術

在中國，巫術衰落之後，於公元三世紀前後，出現了方士們托言老子的理論，集原始巫術於一體的道教。中國人所信奉的衆多宗教中，唯有道教是中國本土上土生土長的宗教，是中國傳統文化的產物。道士們講究修心養性，燒丹煉金，符籙役鬼，符水治病，鼓吹神仙可致。他們在民間活動，外示人以神仙風骨，內實以魔術表演為核心，成書於公元六世紀，北齊顏之推所著的《顏氏家訓》曾真實地敍述了道士們的活動情況，說：「世有祝師及諸幻術，猶能履火，蹈刀、種瓜移井，倏忽之間，十變五化。」可見，這些道士們所行的一切法術，均為魔術。

晉代葛洪所著的《神仙傳》所舉的近千位神仙，個個都是魔術家。他所記錄下來的奇能異事，不少就是漢晉百戲的一部分，其中許多節目流傳至今天，如三國時流傳甚廣的左慈戲曹的神仙道術中就有不少魔術節目。廬江人左慈，自稱會神仙法術，曾到曹操家裡做客。有一天，曹操請了許多賓客來赴宴，快到吃飯的時候，曹操抱歉地對大家說：

「今天這麼多高貴的朋友在這裡聚會，我準備了些酒菜，遺憾的是缺少松江的鱸魚。」

左慈說：「不要緊，我可以解決這個問題。」

於是請人找個銅盤，裝滿清水，自己在竹竿上拴上魚餌，垂釣盆中，一會工夫就釣得一條鱸魚。曹操拍案大笑，在座的衆多賓客無不驚訝。

曹操又說：「一條魚不夠招待在座的各位，可以再釣幾尾嗎？」

左慈更換了魚餌，又把釣竿浸在水中，不一會兒又釣出了好幾條，都是三尺多長的鮮魚。曹操叫厨師把魚燒來待客。為了試驗左慈的法術，曹操又提出一個難題，他說：

「既然有了魚，只恨沒有四川的生薑來作佐料。」

左慈知道曹操有意考他，他從容回答：「要生薑也可以取來。」又變出了很多美味的四川生薑，使周圍的人都相信他是神仙。

過了些時候，曹操帶領官吏隨從一百多人到郊外去遊玩，并且帶了許多酒菜，準備搞一次豐盛的野餐，左慈也在其中。他帶了一升酒，一斤肉脯，自斟自飲，自得其樂。還請同行的人喝酒吃肉，許多人都吃飽了，喝醉了，可是左慈手中的酒和肉還沒有吃完。曹操覺得很奇怪，僅一斤酒、一斤肉，怎能使這麼多人醉飽呢？尋找原因，原來左慈竟用了搬運法。把曹操準備的酒菜通通偷來請了客。怪不得左慈手中的酒和肉總吃不完。

曹操一直覺得自己聰明過人，卻想不到會遭受左慈的戲弄，非常生氣，一怒之下聲稱殺掉妖氣十足的左慈，不料左慈往牆壁上一撞就不見了。

如果我們揭去這段生動的故事中所謂「神仙」的面紗來思考一下他的作為，就可以看出左慈的這些神通，歸納起來就是現在中國民間藝人還常在演出的「飛杯不見」、「空竿釣魚」、「金盆種薑」、「空壺取酒」、「土遁真人」等等戲法節目，只是左慈的演技高明到以假亂真的程度。這些節目在當時是別開生面、充滿新意的，因爲它不能再像「魚龍漫衍」那樣的大型節目，讓人們知道是經過充分準備的假魚假獸，也不像吞刀、吐火那樣地驚險恐怖，而是借助於生活中信手可得的器物作為道具，在觀衆四面圍觀中進行表演，其現象很像是神仙遊戲，信手拈來。

下面再剖析一下一個衆所周知的傳統魔術「殺孩不死」的流變過程和演出方式，可以更生動地說明道術與魔術相互依賴、相互轉變的情況。

「殺孩不死」是一套地道的魔術，《鵝幻匯編彩法門》中已經把它作為魔術的竅門和表演程序介紹得很清楚了（詳見圖2）。可是在古代它卻是作為道士展示道術、驗證符咒的特異功能出現的，即便是這個節目流落江湖之後，在擺地攤的表演中，仍然保持了濃厚的道術色彩。在筆記小說中有生動的描寫。

「殺孩不死」在宋代十分流行，在《東京夢華錄》中有這樣的記述：

……爆仗響，有烟就地湧出，人面不相覩。烟中有七人。皆披髮紋身，著青紗短後之衣，錦繡圍肚看帶，內一人金花小帽，執白旗，餘皆頭巾，執真刀，互相格鬥擊刺，作破面剖心之勢，謂之「七聖刀」。

表演這個大型魔術的藝人共有七個，其中六人都手「執真刀」，在烟火的掩蓋下先表演「格鬥擊刺」的武術，後表演「破面剖心」的魔術。那麼何謂「七聖」呢？這便是指民間傳說中的「梅山七聖」（見《三教搜神大全》）。在這個「七聖刀」的魔術中，那「披髮紋身，著青紗短後之衣」的七人，正是這個傳說中清源妙道真君趙昱入水斬蛟時，一同入水的「梅山七聖」。可見，北宋時所表演的「七聖刀」乃是搬演道家故事的魔術啞劇。而流傳到了南宋的杭州，「七聖刀」節目改成「七聖法」，就演變成為單純的符咒型魔術了。表演時，先是「切人頭下」，再是「賣符」，後是「依元接上」（宋《西湖老人繁勝錄》。

正因為有位姓杜魔術師表演「七聖法」的技藝十分精湛，便獲得了「杜七聖」的美稱。

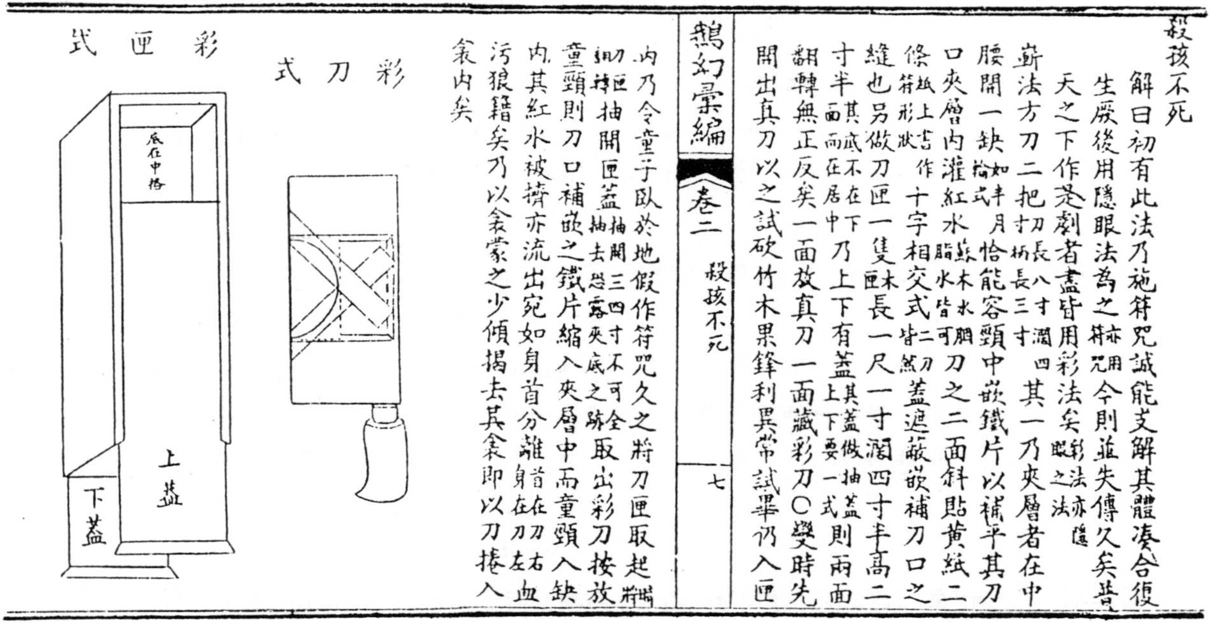
殺孩不死
解曰初有此法乃施符咒誠能支解其體湊合復
生厥後用隱眼法爲之（亦用符咒）今則並失傳久矣普
天之下作是劇者盡皆用彩法矣（彩法亦隱眼之法）
斬法方刀二把（刀長八寸闊四寸柄長三寸）其一乃夾層者在中
腰開一缺（如半月式）恰能容頸中嵌鐵片以補平其刀
口夾層內灌紅水（蘇木水胭脂水皆可）刀之二面斜貼黃紙二
條（紙上書符形狀）作十字相交式（二紙皆斜）刀口之
縫也另做刀匣一隻（木匣）長一尺一寸闊四寸半高二
寸半（其底不在下面而在居中）乃上下有蓋（其蓋做抽蓋上下要一式）則兩面
翻轉無正反矣一面放真刀一面藏彩刀○變時先
開出真刀以之試砍竹木果鋒利異常試畢仍入匣

鶴幻彙編　卷二　殺孩不死　七

內乃令童子臥於地假作符咒久之將刀匣取起（將匣刀抽轉）
抽開匣蓋（抽開三四寸不可全抽去恐露夾底之跡）取出彩刀按放
童頸則刀口補嵌之鐵片縮入夾層中而童頸入缺
內其紅水被擠亦流出宛如身首分離（首在刀右身在刀左）血
污狼籍矣乃以衾蒙之少傾揭去其衾即以刀捲入
衾內矣

圖2　傳統魔術「殺孩不死」

杜七聖除了經常在杭州的瓦子、勾欄裡獻技外，還去杭州的「十三軍教場、教奕軍教場、後軍教場、南倉內、前權子裡、貢院前、佑聖觀前寬濶所在」表演精彩的魔術「七聖法」。

南宋時杭州著名的魔術師杜七聖及他的魔術「七聖法」被元末明初的通俗小說家羅貫中詳實生動地寫進了他的神魔小說《平妖傳》中。

《平妖傳》第十一回「杜七聖法術剁孩兒」寫道：

那杜七聖拱著手道：「我是東京人氏，這裡是諸路軍州官員客旅往來去處，有人認得杜七聖的，有不認得杜七聖的，不識也聞名。年年上朝東岳，與人賭賽，只是奪頭籌。有人問道：杜七聖！你會甚本事？我道：兩輪日月，一合乾坤。天之上，地之下，除了我師父，不曾撞見個對手與我鬥這家法術！」

杜七聖的這一番自我介紹，無非是說自己如何聞名，變魔術的本事如何高強。這乃是過去民間藝人的江湖套話。

接下來，杜七聖回頭叫出自己的孩兒壽壽。這孩兒脫掉了上截衣服，赤著膊。於是杜七聖又對自己即將在這孩兒身上變的魔術「續頭法」（即「七聖法」）作了一番說明：

我這家法術，是祖師留下，焰火燒油，熱鍋煨碗，喚做「續頭法」。把我孩兒臥在凳上，用刀割下頭來，把這布袱蓋了，依先接上這孩兒的頭。

杜七聖表演「續頭法」的目的，無非以此來顯示「符」的靈驗。此符具有能將割下來的孩兒的頭續起來的神奇作用。並以此來銷售他的符。正當圍觀的觀衆們聽了杜七聖的介紹之後，都很想一睹杜七聖的精彩的表演，可是藝人卻賣起關子來了：

衆位看官在此，先交我賣了一百道符，然後施逞自家法術。我這符只要賣五個銅錢一道！說罷，藝人便打起鑼兒來，那看變魔術的人「時刻間挨擠不開」。約有二、三百人，當場賣去了四十道符。符賣過了，杜七聖才開始表演「續頭法」的魔術：

卻說杜七聖念了咒，拿起刀來剁那孩兒的頭落了，……杜七聖放下刀，把臥單來蓋了，提起符來去那孩兒身上盤幾遭，念了咒。

往常，「每常揭起臥單，那孩兒便跳起來」，孩兒的頭便接上了。

關於杜七聖的奇聞軼事在民間廣為傳聞。如明謝肇淛的《五雜俎》中就記載著這樣的民間傳說：

……相傳嘉、隆間有幻戲者，將小兒斷頭，作法訖，呼之即起。有游僧過，見而哂之。俄兩兒呼不起，如是再三，其人即四方禮拜，懇求高手放兒重生，便當踵門求教，數四不應，兒已僵矣。其人乃撮土為坎，種葫蘆子其中，少頃生蔓，結小葫蘆，又仍前禮拜哀鳴，終不應。其人長吁曰：「不免動手也！」將刀砍下葫蘆，衆中有僧，頭欻然落也，其小兒應時起如常。

「不論是賣符，還是與游僧鬥法，都以道術面目出現。」

古代的道士中不少人思想活躍，勤於試驗，他們在煉丹、服食、導引、修身、練功中，逐漸認識了某些物質的特性，並把它用於幻術之中，對魔術的發展大有補益，中國戲法中保留著不少道術秘方。清光緒年間出版的《鵝幻匯編》收錄這類節目七十多個，其中如《五色分沙》魔術，稱譽世界，公認為是中國魔術的佳作。

由於職業關係，道士中魔術高手輩出，僅以唐代中業為例：如道人殷文祥（即殷七七）、王瓊等擅長「冬日開花」、「白水釀酒」，女冠石氏自稱九十歲，還「手探爐中火炭而吞食」，烏江王道士和女兒七娘能剪紙月發光，能以竹杖劃地而成迷宮，唐代深州人張鷗寫的筆記見聞《朝野僉載》所記的趙州祖珍儉的魔術更為精彩，他在屋樑上繫繩，懸掛水瓮，他猛然抽刀斬斷繩子，然而水瓮仍然虛懸空中而不墜！這種例子，多不勝舉。這是散見於民間的情形。

活躍於朝廷的道士們則更為神通廣大，所謂神通，不單指道士本身的技巧，更指玩帝王公卿於掌股之間的周密魔術構思，和變化幅度更大的魔術。張果、葉法善、羅公遠、韓湘、呂岩等，就是這樣的人物。張果於唐玄宗開元年間，被迎養於宮中，號玄通先生，自稱生於混沌初分，不知年歲，曾於玄宗李隆基前表演將自己牙齒變黑復白的新鮮戲法，據說又善剪紙為驢，日行萬里，大概是位善於變化動物的魔術家。葉法善曾布景月宮仙境，邀李隆基同遊。羅公遠擅隱形之術。這些「神仙」都係實有其人，均得寵幸於當時，他們的魔術或應為多人串通之作，相比之下，大文學家韓愈的侄孫韓湘的戲法，更為實在，他能在徑寸葫蘆取酒不竭，遍飲座客，又表演火盆內開出蓮花，被韓愈斥之為妖妄，他呈給韓愈的詩中說：「一壺藏世界，三尺斬妖邪，解造逡巡酒，能開頃刻花。」這些魔術都是當時的實況。

被中國魔術藝人尊為師祖爺的呂岩，即大名鼎鼎的呂洞賓。是唐代建中（公元七八〇年）前後時人，本是個風流倜儻的不第舉子，一旦學道，號召力極強（圖3）。據說他道術高明，念動咒語能使古松復活，掐指一算能預知人間禍福休咎。能化水為酒，能招蛇化劍。仗劍出遊除暴安良。古代魔術藝人尊他為祖宗。作藝之前拜他的牌位，演出之中更滿口不離。直至近代，藝人在出場時仍念念有詞（魔術內行稱為「口」）：「天蒼蒼，地茫茫，蝗遮日，碱荒荒，蛇蝎豺狼齊當道，財主狗官連褲襠，無所求，拜呂祖，學套把戲江湖走。」又如變「羅圈」時，邊說邊演：「羅圈一下一下，原是呂祖留下，裡面藏龍臥虎

圖3　呂洞賓（據明版≪月旦堂仙佛奇踪≫摹繪）

，不敢當場玩耍。」

魔術藝人既自詡為呂祖子孫，常以道人的面目出現，觀衆們亦稱他們為「術人」、「道人」，他們起藝名或譯號亦以仙自稱喻。宋代的瓦舍勾欄（遊樂場）裡經常營業演出的林遇仙、杜七聖、施半仙、施小仙等，均為當時魔壇中的高手。

魔術與佛法

與道教相比，外來的佛教對中國文化的影響更為深遠。佛教綿綿不斷地傳入中國，帶來了印度（古稱天竺）的鞮鞡羅藝術，也帶來了印度的魔術。

大約在公元前五〇〇年，佛教在天竺興起。西漢末年傳入我國。漢明帝永平八年（公元六五年），天竺阿育王大弘僧使朝見漢帝，明帝劉莊不信佛法，天竺僧人就憑空變出一座七級浮圖（寶塔）使漢明帝大驚，於是下詔開始在朝廷提倡佛教。

實際上「寶塔」是用「折疊法」藏在僧人的袖子裡。這套魔術一直流傳至今，古彩戲法中常常作為傳底活使用（圖4）。

佛教得以廣為流傳，一方面依靠宣傳大衆易於接受因果報應、今生不幸修來世的哲學麻痺人民，把希望寄托在幻想之中，另一方面就是神通變化的法術，把一些幻想的東西化虛為

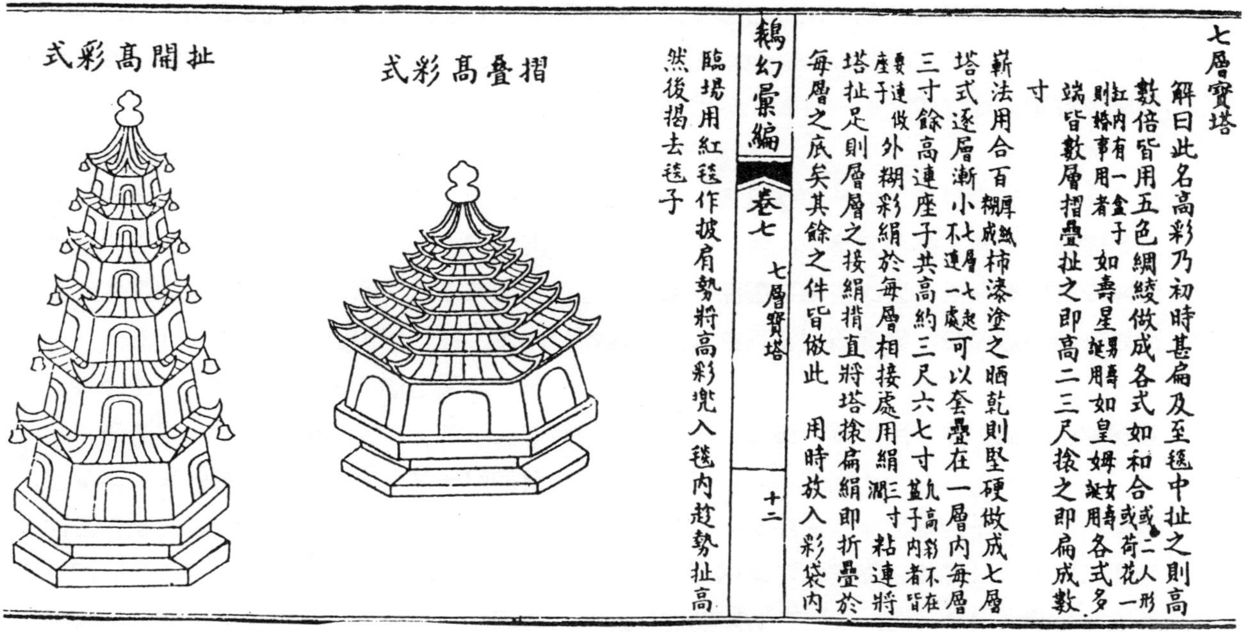
七層寶塔
解曰此名高彩乃初時甚扁及至毯中扯之則高
數倍皆用五色綢綾做成各式如和合（或二人形）或荷花一
（缸內有一盒子則婚事用者）如壽星（男壽誕用）如皇姆（女壽誕用）各式多
端皆數層摺疊扯之即高二三尺捺之即扁成數
寸
薪法用合百（厚紙糊成）柿漆塗之晒乾則堅硬做成七層
塔式逐層漸小（七層七起不連一處）可以套疊在一層內每層
三寸餘高連座子共高約三尺六七寸（九高彩不在盒子內者皆）
（疊連座子）做 外糊彩絹於每層相接處用絹（三潤）寸 粘連將
塔扯足則層層之接絹揹直將塔捺扁絹即折疊於
每層之底矣其餘之件皆做此 用時放入彩袋內
臨場用紅毯作披肩勢將高彩兜入毯內趁勢扯高
然後揭去毯子
鶴幻彙編 卷七 七層寶塔 十二

圖 4 傳統魔術「七級浮圖」
成為傳統戲法流傳至今稱為《七層寶塔》

實演變出來。這是達到令人信服的最有效的方法。

佛教的創始人喬達摩・悉達多係位於尼泊爾和印度邊境上一個部落的王子，二十九歲出家修行，七年成「佛」，意思是「覺悟者」，也稱「釋迦牟尼」，他本人多才多藝，善施「咒術」，即是會變幻術。在他傳教的四〇多年中，除了善於講經說法辯論之外，還以他非凡的本領和神奇莫測的幻術表演使聽衆心悅誠服。這種說與變相結合的傳教方式，成了佛教的傳統。來中國傳教的高僧，幾乎個個都會變魔術。

後漢時，天竺高僧康僧會，用「空手取珠」的手法，變出一粒五光十色、用槌子錘不爛的「舍利子」取得了吳主孫權的寵信。

後趙（公元三三〇～三五二年）統一北方時，天竺和尙佛圖澄傳教，以巧妙的魔術表演取信於朝野。佛圖澄到洛陽，自稱已活了四〇〇餘歲，能聽鈴聲知吉凶，在手掌上塗藥後能看到千里之外的事物。公元三一一年佛圖澄投奔石勒十八騎之一的郭黑略，郭是信奉佛教之徒，他把佛圖澄引見後趙王石勒，勒問佛道有何尊嚴，佛圖澄當場在一只缽內盛入清水，須臾之間長出荷葉、荷花（圖5）。

這套「缽內生蓮」的小魔術，把一代殺人不眨眼的帝王騙住了。石勒曾屢次試驗佛圖澄的神通，由於得到郭黑略等佛教徒的配合，及時傳遞信息，佛圖澄顯示出「未卜先知」等「法術」，不僅使石勒真正信服佛教，並使佛教得以提倡和發展。再如譯經專家鳩摩羅什是

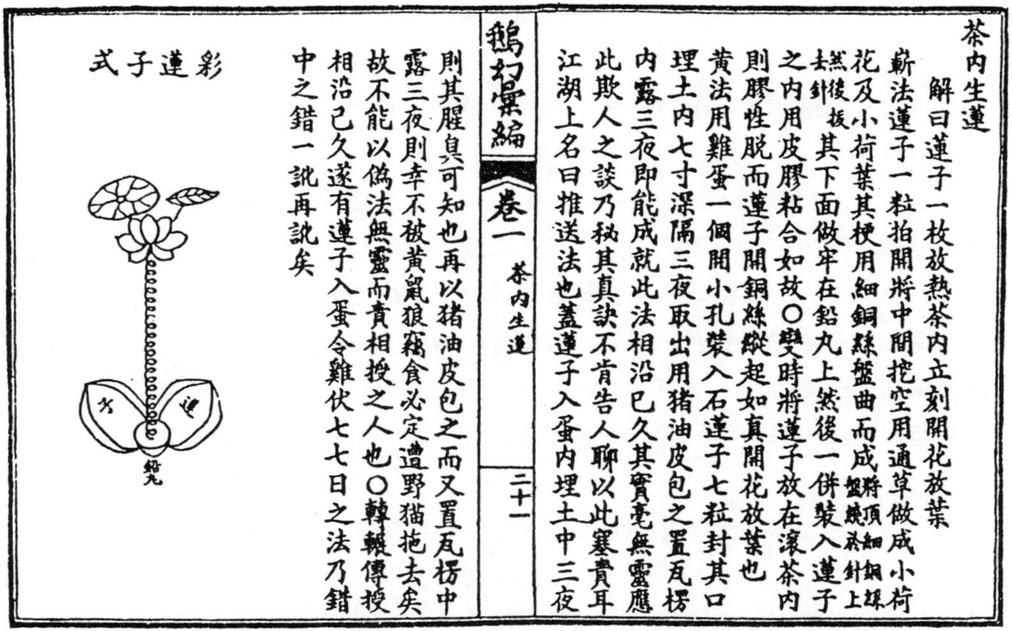

茶內生蓮
解曰蓮子一枚放熱茶內立刻開花放葉
嶄法蓮子一粒拍開將中間挖空用通草做成小荷
花及小荷葉其梗用細銅絲盤曲而成將銅絲頂上盤繞於細針上然後拔去針其下面做牢在鉛丸上然後一併裝入蓮子
之內用皮膠粘合如故○變時將蓮子放在滾茶內
則膠性脫而蓮子開銅絲縱起如真開花放葉也
黃法用雞蛋一個開小孔裝入石蓮子七粒封其口
埋土內七寸深隔三夜取出用猪油皮包之置瓦楞
內露三夜即能成就此法相沿已久其實毫無靈應
此欺人之談乃秘其真訣不肯告人聊以此塞責耳
江湖上名曰推送法也蓋蓮子入蛋內埋土中三夜
則其腥臭可知也再以猪油皮包之而又置瓦楞中
露三夜則幸不被黃鼠狼竊食必定遭野猫拖去矣
故不能以偽法無靈而責相授之人也○轉輾傳授
相沿已久遂有蓮子入蛋令雞伏七七日之法乃錯
中之錯一訛再訛矣

鵝幻彙編　卷一　茶內生蓮　二十一

彩蓮子式

圖5　傳統魔術「鉢內生蓮」

龜茲國人，公元三八四年呂光滅了龜茲國之後，鳩摩羅隨呂光東來，他除了精通佛學經典之外，亦精通幻術表演，他曾當衆表演口吞鋼針，降服僧侶、群衆。再如楊衡之《洛陽伽藍記》所記北魏時來中國的高僧摩羅能咒枯枝生葉，能咒人變為驢馬。佛教得以普遍信仰，一是靠傳播它的哲學思想，一是靠它的法術，即是變魔術。

魔術在擴大佛教影響上有著積極作用，特別是以現身說法的手段令人信服，因此大量地用魔術手法來傳教。

北魏（公元三八五～五三四年）統一北方後，廟會大興，做佛事，已成為群衆性的文化活動。有人統計公元五一八年時，單洛陽廟宇就達五百所以上。大的廟宇，每逢佛祖生日，浴佛盛典，參拜隊伍鋪天蓋地而來。觀者有如墻堵，擠死人的事時常發生。這些廟會，大多以驚險的雜技和奇瑰的魔術來吸引遊客，如當時最大的景樂寺廟會：「召諸音樂，呈伎寺內。奇禽怪獸，舞抃殿庭，飛空幻惑，世所未覩，異端奇術，總萃其中，剝驢拔井，植棗種瓜，須臾之間，皆得食之，士女觀者，目亂睛迷」（《洛陽伽藍記》）。

廟會上有珍禽怪獸的展覽，有鰲山燈戲的烘托，更多的是「人體騰空」，「殺馬屠驢」、「種瓜得瓜」等魔術節目。

一千五百年以來，廟會的習俗一直流傳遍及全中國。廟會不但成為群衆娛樂場所，也是藝人的去處。唐宋時代，長安的慈恩寺，開封的報國寺，洛陽的白馬寺，每天都是遊人如潮，藝人們一個棚子接著一個圈子地賣藝寺邊。這樣的環境，錘煉了魔術藝人，設計出一大批風格各異、百看不厭的魔術節目。我們還以「殺孩不死」為例。

「殺孩不死」也被作為佛法神通展示過。比較典型的是把它用於「天宮偷桃」這場特殊魔術中。

「天宮偷桃」這個節目從唐代以來屢見記載。最為引人入勝的描寫，是蒲松齡的《聊齋誌異》中偷桃一篇。大意是：他幼年時曾到府城，春日遊會，見一變戲法的，父子兩人挑著籮筐，在官府堂前空地上作藝，府吏令藝人變桃子，藝人說初春哪來桃子呢？或許天上桃園有之，說罷拿出一根長繩，拋向天空，那繩的一頭就冉冉而上，升懸空中，藝人叫兒子沿繩而上，攀至天庭偷摘仙桃，兒子起先不肯，經不住父親再三勸說，勉強登繩，直到渺入雲端。不一會兒，天空中掉下鮮桃兒來，藝人獻至堂前，遍

①《聊齋》中「偷桃」的插圖

圖 6　天宮偷桃

②敦煌壁畫中的「爬繩上天」的魔術

觀衆客。忽然天上繩子墜落下來，藝人大驚失色，說：「怎麼回事？天上的人發覺了嗎？把繩子給弄斷了，我的兒子怎麼回來呢？」頃刻，被肢解的小孩的手、足、頭、身軀紛紛落下來，藝人當即大哭起來，說道：「孩子為了讓大家吃仙桃被天庭捉住，我老來靠誰呀？……」

一邊把小孩的屍體收拾到籮筐裡。藝人悲不自持，這時圍觀者出於同情，紛紛慷慨解囊相贈。待銀錢相當多時，藝人一拍籮筐說：「八八兒快出來謝賞吧！」那個被肢解的小孩復生了，笑盈盈的從籮筐裡爬了出來……

這個極其瑰麗的魔術故事，在古

③1670年日本學者記載的「天宮偷桃」稱為「中國人的繩技」

代中國、印度等地廣為流傳，那時把它說成為佛法的一種神通。甘肅敦煌唐代壁畫中，有生動的描繪。一群奏樂人圍著一個三角形的屏風，屏風中心升起一根粗繩，有兩個小孩正攀繩而上，即是天宮偷桃的一個畫面。畫面旁邊有一條說明，說是為了渡化衆生，幻師施行幻術，說明登爬軟繩即可上天，把人肢解了也能復原，可見佛法無邊。使芸芸衆生崇拜得五體投地。紛紛皈依佛教。

其實「天宮偸桃」是由兩套精彩的魔術組成。「殺人復活」俗稱「大卸八塊」，與前面所講的「七聖法」大同小異。立繩登天魔術師們也創造了不止一種技法，有的是利用黃昏時分表演，利用光線的角度，使演員爬到一定的高度，觀衆就看不清了，有的是依靠大樹的遮掩，將登天的演員隱藏起來，再借助神秘氣氛，製造逼真的假肢散落下來等，使人信以為真（

④現代國外的「偸桃」表演

圖6）。

其實，在唐宋時代以為是特異功能的現象，現在就不一定再認為它屬於特異功能，而是作為精彩魔術為觀衆所接受。

魔術與氣功

氣功這種健身術，在我國起源很早，《莊子・刻意》中曾有「吹呴呼吸，吐故納新，熊經鳥申，為壽而已矣」的記載，大概是文獻中最早談論氣功的了。這裡包括了「導」與「引」兩個部分，「導氣令和」是主要的部分，即是後來道教中講究的「養氣安神」。「引」則是「引體令柔」，即是健身按摩之術。氣功在發展過程中，被罩上了神秘的色彩，莊子：「此道引之士，養形之人，彭祖壽考者之所好也」，把導引之術拉進了神仙修煉之道。

古代把這種養身的經驗與哲學、信仰、宗教相結合，衍生出一套以練氣為中心的學道修仙之術來。這乃是基於「道生一，一生二，二生三，三生萬物，萬物負陰而抱陽，沖氣以為和」的觀點，將「陰」、「陽」作為構成萬事萬物的兩個基本元素，而「氣」有時充當「道」，有時又具體化為「陰」、「陽」兩大元素，有時還可以理解為「道」與「陰陽」的中介，以至認為「人之生，氣之聚也，聚則為生，散則為死」（《莊子・知北游》）。把「氣」或

「精氣」看成是人的生命之本，「氣」無所不在，無所不能。

從這一理論引申為人生哲學，便產生了恬淡、自然、淸心少慾、以養己氣、柔順安神，達到自我心理平衡，自我精神恬適的生活情境；引申到神話想像，則出現了「以氣為飲食，而久視不死」的說法；引申為醫身健學理論，則出現了辟穀、食氣、導引之術，推斷出「氣相得而和、不得則病……從其氣則和、違其氣則病」之說。以「氣」為核心的神秘而玄虛的養氣——導引——成仙之術，就建立起來了。它在秦漢三國時代已經很盛行了，秦始皇、漢武帝都對此著了迷。

為了證明養氣導引之術確實有奇特效應，而且其最高境界是長生不死，飛舉成仙，方士、術士、道家們便想方設法創造超常奇跡，設計了許多巧妙的幻術。例如東晉著名的道教理論家葛洪，在他論證神仙之術確實存在的《抱朴子》一書中就說，如果說道術是可望而不可及的，那麼變化自己或他人的形容，呑刀吐火，忽然隱身，興雲起霧，招集蛇蟲魚鱉，把石頭化成水，把黃金潰成漿，把玉石變為糖飴，伸手入水不濕，赤足踩刀不傷……這種不同尋常的事情，總計有九百多種。按照道家的方法去修煉，沒有不成功的，為何不肯相信神仙可修之術呢（為原書的大意）？

其實，葛洪所舉的這些現象，有的是化學反應，更多的則是漢魏時的幻術，葛洪心目中的部分仙人，如三國時敢於戲弄曹操的左慈，會倒懸術的甘始，葛洪的叔父葛玄，都是當時技藝高超的魔術師。他們表演的那些神仙之術，如「頃刻種瓜」、「水中取魚」、「金盆生薑」、「金錢變化」、「畫龍取肝」等等，都是我國魔術寶庫中的傳統節目，其中有些節目至今還活躍在舞台上。不過在古代這些魔術師是以方術之士的面目出現的。此後兩千年中又陸續出現過許多掌握了魔術技巧的所謂仙人、道士，例如民間盛傳的唐代八仙，宋代的施半仙、施小仙、林遇仙，直至今天的莫非仙。仙人、道士借魔術來證明他們法術之「真實」，以此來廣聚信徒，取得上自皇帝下至貧民的信仰。

一般民間藝人也多借仙人之名、仙人之法，仙人之形來演魔術，以增加表演的藝術效果。如前面所提及的「金錢變化」（即《大變金錢》），在表演時，藝人們常常有這樣的開場詞「一二三、二二三，戲法雖小呂祖傳，他將凡人來教會

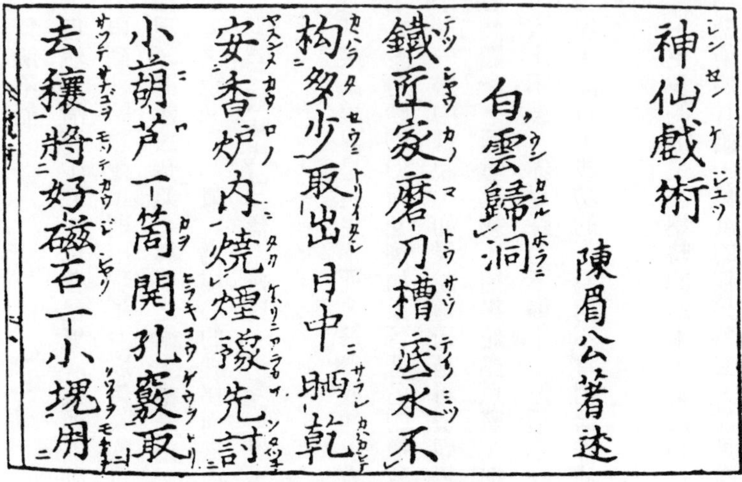
神仙戲術
陳眉公著述
白雲歸洞
鐵匠家磨刀槽底水不拘多少取出月中晒乾安香炉內燒煙豫先討小葫芦一箇開孔竅取去穰將好磁石一小塊用

圖 7　日本出版的神仙戲術

，凡人誰敢洩機關？」把戲法說成是神仙呂洞賓傳下來的神仙之術。再如《仙人栽豆》，它的整套演出程序都與練氣、吐納之術相吻合，所謂內丹能夠看出丹形來的只有這種辦法。魔術在很長的一個歷史階段與神仙之術、「特異功能」之間的界限不很分明。

據日本魔術史學家坂本種芳考證，中國傳到日本的第一本魔術書便是明代陳眉公所著的《神仙戲術》，其中介紹了二十套魔術節目，可見直到明代人們還是把魔術當作神仙之術（圖7）。

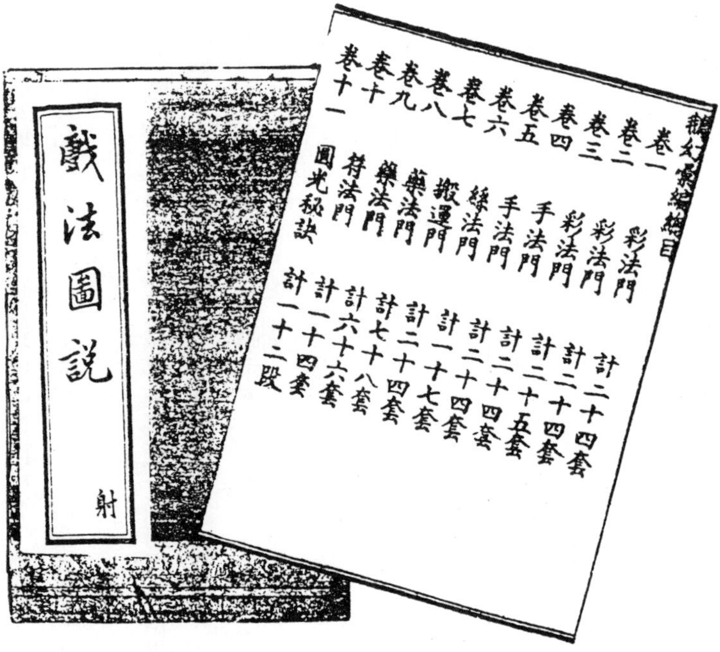

圖8　1887年出版的≪鵝幻匯編≫即戲法圖說

清代出版的魔術專著《鵝幻匯編》中，就有許多屬於畫符、念咒、圓光、祝由科之類的法術，其中的一部分，今天的氣功師們仍在把它作為「特異功能」推向社會，諸如「耳邊聽字」、「鼻邊聞字」、「金錢入木」、「八仙過海」、「未卜先知」、「隔夜神數」、「奇門遁甲」等（圖8）。

以上回顧說明了特異功能與魔術在歷史發展中的相互關係，在某些方面可以說兩者是同出一源的。但它們相互依存，互相包涵，互相利用，互相促進又互相排斥則由來已久。不論是古代還是現代，許多超常現象都是利用了魔術技巧和心理暗示。

第二章　天目開、他心通與心理魔術

自從一九七九年三月十一日《四川日報》披露有耳朵認字的特異功能以來，引起了人們對特異功能的關注，願親眼目睹者、津津樂道義務宣傳者，希望自己具備超人本領者、傳授秘方異法者層出不窮。慧眼認字、天目查病、特異書寫、腋下認字、未卜先知等奇人異事不斷流傳開來。

魔術研究工作者把這些奇能異技與魔術聯繫起來審視，認為天目開、他心通一類的神秘現象都是魔術表演所能及的，是傳統魔術中的一個特殊門類。魔術界稱之為心理魔術或者靈術，這個特殊門類在整個魔術領域裡具有獨一無二的趣味。它的神秘效果不在於應用複雜的道具或施展高難度的手法，它的技巧主要是依靠逼真的表演和巧妙的傳遞信息，通過語言和形態、心態作用於觀衆心理。

他們的表演往往不以通常的魔術師的面目出現，在古代多以占卜家、神仙、道士、法師的面目出現，現代則多以預言家、特異功能者的面目來進行表演，讓人相信他們真的具備某種超人的能力，使人敬畏。

這類魔術在中國有悠久的歷史和豐富的技法，古代的巫師、祝師、方士、術士、善眩人都有人長於此術。

一八八九年成書的《鵜幻匯編》中收錄了耳邊聽字、鼻邊聞字、金杯罩字、萬選靑錢、未卜先知、隔夜神數、鐵板奇門、不語神相等十幾種心理魔術技法，今天流行的許多特異功能現象，從根本上看，仍然依靠這些傳統技法，只是在表演形式、演詞、賣口上採用了一些現代科學名詞，什麼宇宙信息、人體磁場、透視眼等似是而非的語匯，把傳統魔術作了一番新的解釋。

下面我們將剖析一些以不同形式表演的猜測術、透視術、他心通、預測術，可以進一步理解古今中外的心理魔術與特異現象之間的關係。

耳朵聽字

耳朵聽字是特異功能中最早產生社會影響的項目，但確實是魔術所能為的。一〇八年之前就作為傳統魔術法收錄在《鵝幻匯編》——戲法圖說之中，按

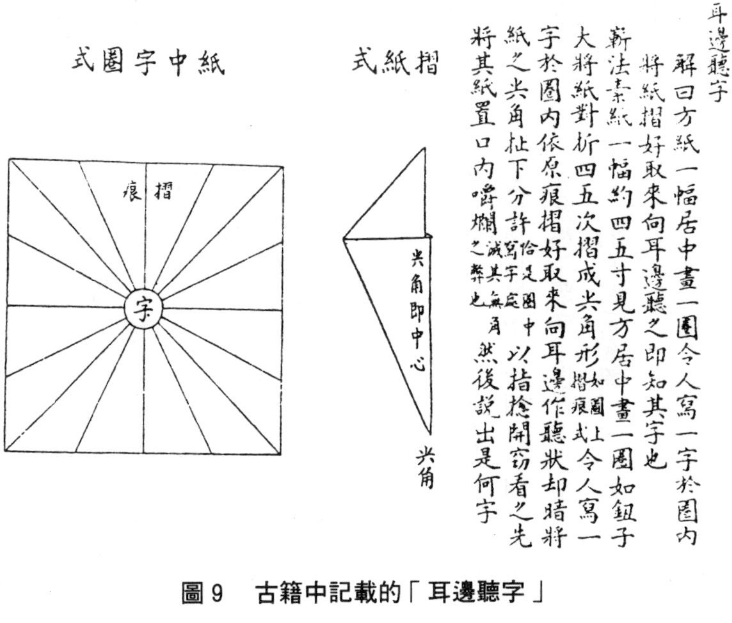

耳邊聽字
解曰方紙一幅居中畫一圈令人寫一字於圈內
將紙摺好取來向耳邊聽之即知其字也
新法素紙一幅約四五寸見方居中畫一圈如鈕子
大將紙對折四五次摺成尖角形如圖上摺痕式令人寫一
字於圈內依原痕摺好取來向耳邊作聽狀卻暗將
紙之尖角扯下分許恰是圈中寫字處以指捻開竊看之先
將其紙置口內嚼爛滅其無角之弊也然後說出是何字

圖 9　古籍中記載的「耳邊聽字」

唐再豐先生的分類，屬於手法門魔術。即是利用手法技巧，能夠在不露痕跡的情況下偷看到觀衆所寫的字。表演現象及其技法如圖9所示。

這套魔術因為表演現象小，不宜在舞台上用，長期沒有得到魔術師們的重視，沉睡了一百多年無人問津。而表演特異功能者，把它稍加改造搬演，竟成為令衆多觀衆百思不解的特異現象。引起不同凡響效果的奧妙在哪裡呢？在於他們的特殊表演形式，在於他們生動的、細緻入微的表演，在於設計了比較新穎的演出程序。

我們來看看氣功大師司馬南對此節目的表演與分析，便可知其一斑。

天目觀書

在北京、上海一些單位，我做揭穿氣功騙術的各種表演時，許多人要求我表演耳朵聽字，這不僅是因為聽的字由觀衆來寫，可以滿足參與感，體會其真實感，還因為中國近十年特異功能熱之始便是由一個四川孩子會耳朵聽字引起的。大家都希望從「根」上來驗證真偽。能夠作成耳朵聽字這種特異現象和方法很多，下面介紹的是時下最流行、一個人就可以表演的辦法。有人把它稱為「天目觀書」或「天目穴認字」。

表演這個節目，首先要營造一種讓觀衆信任你有特異功能的本領的氣氛，信則靈。鋪平墊穩之後，就可以進入發功狀態。

隨手撕下一塊紙，稱發功可將「信息」注其上，一會兒就可以從這塊紙上鑒別其他人的信息了，囑觀衆把字寫到上邊。然後趁觀衆不備，再撕下一塊與上塊大小相近的紙，握在手上捲成團兒，隱於右手之中，在接過觀衆遞過的紙團時，做一個調換，即把自備的紙團放在眉心或耳孔佯作聽狀，而將觀衆寫的紙條存在右手上，接下來，便可用自己的眼神兒、話語和形體動作轉移觀衆的注意力。

比如左手拿紙條兒放在眉心，雙目上翻，好似極力想看透紙條兒，此時觀衆，會本能的防止表演者偷看，緊緊注視表演者的眼睛，這時，表演者用右手細細地摸索著打開紙條，將紙條伏在手下，目光移開裝作無意識地在自己手上擋過，觀衆跟著將表演者的手看了一遍，沒有任何異常，待表演者第二遍擋視自己前方和目下的東西時，觀衆就會放鬆警惕，於是，表演者趁機移開手，用○・一秒的時間便看清了紙條上的字，再一次將觀衆的注意力引至眉心或耳孔的紙條上，迅速團起真正寫了字的紙條兒，凝視寫字者的眼睛說出答案，說答案的過程最好不要太直截了當，如果對方寫了個「的」字，表演者在兩目專心致志一番之後，以不肯定的口氣發問：「您寫的字一邊是個『白』字，另一邊……」這時寫字人心中一陣驚喜，思想上處於緊張判斷狀態，旁觀者的目光會不由自主停在寫字人的臉上，「另一邊好像是個『勺』!?」表演者繼續說道，沉不住氣的寫條者會脫口而出，「對了，是個『的』字。」

矜持穩重的鑒定人則期待著最後的結果。「不是『勺』，整個字是個『的』字對不對？」表演者自信地說並舒了一口氣，隨手再行「調包」，把對方寫的紙條交了出來，暗自扔掉或藏起來自備的紙條兒。

全部表演到此結束，是為調包法。

這裡面的關鍵之處是：

1.兩塊紙片的大小應很近似，不然容易被細心觀察者認出。所以應當儘量由表演者自己撕，而且紙塊不要太大。

2.自己揉的紙團，要注意按對方紙團的形狀在調包前一瞬間再行加工。一般是告訴他揉個團兒，對方就會揉團兒，所以表演者只要在調包前稍加用力即可。

3.展開紙團偷看時，最見功夫。這是一種心理戰，表演者實際上處於一種誘導者、駕馭者的位置上，需沉著機智、因勢利導。觀衆較少，室內過於安靜的情況下展開紙團的過程中會有影響，可用轉身調換姿勢的聲音來加以掩飾。

4.說出結果之前，一定要放慢速度，試探地說出「辨識」過程階段成果，使觀衆產生一種參與感，易於取得信任。

5.勇於暴露一點缺點，會得到鑒定人的寬容。比如說「安定」兩個字時，先說前面的字是「安」，後邊的字我想是「定」吧?!這種方式比直接說出「安定」兩字的效果好得多。

司馬大師的表演方法，其實與《鶪幻匯編》中記錄的耳邊聽字的技法是完全一致的，只是把偸看的方法更簡化了，不再用方方正正的紙片；也不用再在紙上畫圓圈，限制觀衆把字寫在規定的範圍內；也不用把撕下來偸看的紙角藏到嘴裡去消滅痕跡，而是把請觀衆寫字的紙條縮小，直接與藏在手中的空白紙條倒換偸看。從探討魔術技法的角度來看，這樣改變確實是個進步。因為魔術過門（內行稱為門子）的確是越簡單越容易掩蓋，越不易露出蛛絲馬跡，方法最簡單、效果最離奇的魔術，應該說是最好的魔術。

燒紙辨字

「耳朵聽字」這種魔術技法，也是外國魔術師經常使用的辦法。美國著名魔術師馬克·威爾遜主編的《魔術教程》中亦介紹了這種傳統的辨識文字的魔術，他把這套節目歸於心理魔術門類，稱為「燒紙辨字」。表演的程序與《鶪幻匯編》中不盡相同，同樣可以取得奇異效果。它的表演方法是：

魔術師將一張方形小紙片和一枝鉛筆遞給一位觀衆，然後背過身去，請觀衆在紙片的中央寫上一個字或是一個詞。寫好以後，他可以把紙片對摺兩次，這樣誰也看不到紙上寫的是什麼字了。魔術師接過摺好的紙片，毫不猶疑地將它撕碎扔進一只烟灰缸裡，並劃一根火柴

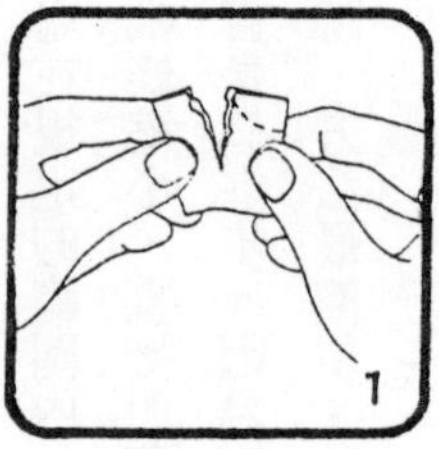
圖10①

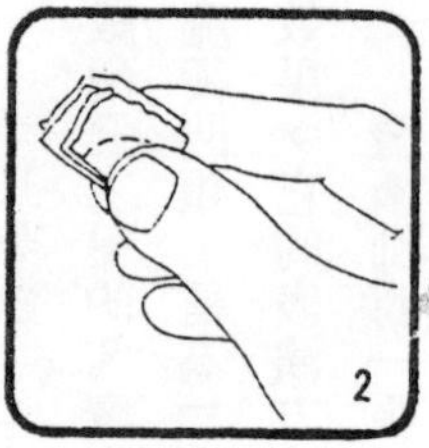
圖10②

把碎紙片燒成灰燼。隨後，魔術師升起的青烟裡看到了紙上原來寫的字，並當衆讀了出來！

表演這個魔術節目，演者事先將一盒火柴放到左邊衣服或褲子口袋裡，還要有一只烟灰缸和一枝鉛筆。找一張每邊約長八公分的正方形白紙片，在正中央畫一個直徑約二·五公分的圓圈，準備好這些東西就可以表演了。

⑴把紙片和鉛筆交給觀衆，請他在圓圈內隨意寫上一個字或詞，讓他確信表演者沒有看到他在寫什麽。

⑵寫好以後，告訴他把紙片對摺起來，然後再摺一次，摺成原來尺寸的¼，再交到表演者手中。

⑶表演者接過紙片，立即可以判斷出哪邊是紙片的中央部分。你將畫圓圈的位置朝向右上方，然後從紙的中間把紙片撕成兩半（圖10①）。

⑷將左手撕下的碎片放到右手那一半碎片的後面，然後把紙片向右橫過來，畫上圈的那一部分就位於表演者的右手一邊了，再將紙片撕成兩半（圖10②）。

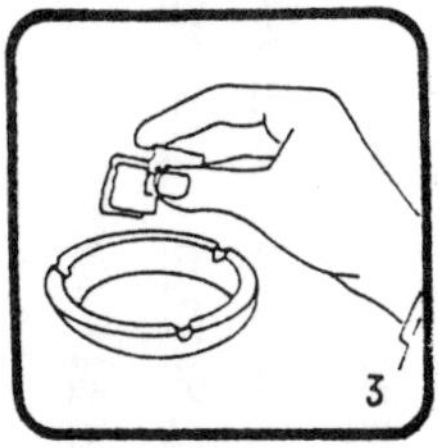

圖10③

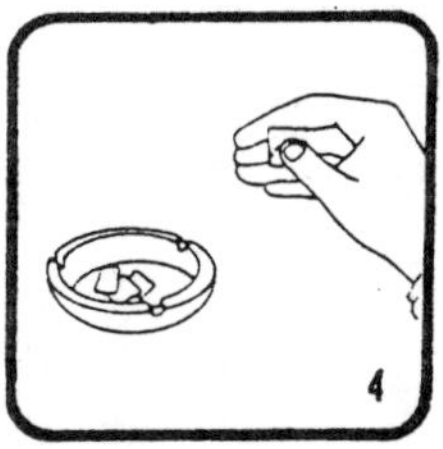

圖10④

(5)仍舊把左手撕下的紙片放到右手紙片的後面，捏在手指之間。這時，畫上圓圈的部分就直接按在表演者的右手拇指下面了。

(6)右手伸到烟灰缸上面，將碎片往裡面扔去。扔的時候，拇指按住第一塊紙片向掌內一移，於是其他碎片掉進烟灰缸內，而關鍵的一部分卻秘密地藏在表演者的手中，夾到手指的指節之間了（圖10③④）。

(7)左手伸進口袋裡取出一盒火柴，雙手劃著火柴，右手將火柴盒放到桌上，左手拿著火柴杆點燃烟灰缸內的碎紙片。

(8)當觀衆全神貫注地看著碎紙片燃燒時，表演者把右手放到桌面以下，拇指悄悄將紙片打開，快速偷看一眼後，很平靜地將手上的紙片揉成一團抓在手內。這時，烟灰缸內的紙片還在燃燒，表演者用右手拿起火柴盒，連同碎紙片一起放進右邊的口袋裡，表演者凝神

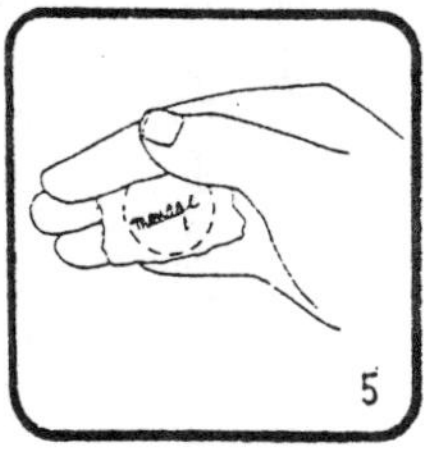

圖10⑤

注視著烟灰缸中升起的青烟，好像在辨識什麼東西，最後再向大家宣布紙片上寫的字詞（圖10⑤）。

表演過程中最重要的是藏住紙片的右手必須要自然、放鬆。另外把右手放到桌子下面打開紙片時，可以先請觀衆集中注意力看看燃燒的紙片和升起的青烟有什麼變化，便可以趁機神不知鬼不覺地瞥一眼手中的秘密。

這個節目使用的表演手段不僅是魔術師們的通常技巧，也是江湖術士們的慣用手法。

幽默猜測

一九八一年重慶市職工業餘文藝匯演上，一位業餘魔術師作了表演，有點近似相聲。

〔**準備**〕上演前，舞台兩邊各放幻術桌一張（二幕前都可以），左邊桌上設有蠟燭台一個，上插蠟燭一支，另備火柴一盒。右邊桌上置一〇〇㎜直徑的燒杯一個，普通牛皮紙信封五個（不要有大紅框的，可以自己製作）。每個信封的右上角（即收信人地址那個上方），畫一個長方框，長五十㎜，寬三十㎜，另備白色卡片五張，長一二〇㎜，寬二十㎜（沒有卡片紙用繪圖紙也行），再備迴紋針若干個（沒有迴紋針大頭針也行）。

〔**表演**〕開幕時，演員（簡稱甲）、助手（簡稱乙）分別由左右耳幕出。

甲：現在該我們兩人表演。

乙：表演什麼？

甲：耳朵聽字（要一個字一個字吐清楚）。

乙：啊！人體特異功能。

甲：不，我們是表演魔術。

乙：怎麼表演？

甲：（走向右邊幻術桌，拿出信封、卡片）這裡有五個信封和五張卡片，請你（指助手）發給觀衆，請觀衆在卡片上寫上三、五個字，寫物品、標語、口號都可以，但必須寫漢字。

乙：寫少數民族字、外語都不行。

甲：寫好後，不要折疊，直接裝到信封內，並在信封上的紅框內，寫上你的姓名（說著到幻術桌上拿出迴紋針）。再用迴紋針把信封別上，然後交回。我能當著大家一封一封地聽出每封卡片的內容（說畢，將信封、卡片、迴紋針交給助手。助手下台分別把信封、卡片交給觀衆書寫）。演員這時，可將左邊幻術台上的蠟燭點燃，以備應用。點好後，演員立於舞台中間，等待助手將觀衆寫好的卡片、信封交上台來。

在觀衆寫卡片時，舞台上可放音樂配合。觀衆將卡片寫完，裝入信封，助手一封封收回，當衆封好，再別上迴紋針，將拿信封的那隻手高高舉起上台，將全部信封交給演員。演員收到信後略微清理，認準是五封信，當眾放入幻術桌上燒杯內。因燒杯比信封大，又是透明的，台下觀眾可清楚看到他們寫的卡片，一封封都在燒杯之中。

表演者從燒杯中任意先拿出一封，看看信封上的姓名，馬上念到「×××」。台下×××應聲，表演者馬上抬手示意請坐下，並將信封拿到燃著的蠟燭上劃了兩圈，然後放到耳朵上聽了聽，便轉身對台下的觀眾說：「你寫的是×個字，對不對？」觀眾點頭回答：「對。」演者再將信封拿到蠟燭上劃幾個圈，又側耳聽了一陣，說：「你寫的是××××四個字，對不對？」觀眾答「對。」這時表演者打開信封，抽出卡片，與助手同觀同念，如觀眾寫的是「婚姻大事」，演者和助手就同念：「婚姻大事」。念完後，助手將卡片別在信封的中間或左上角，放到左邊有蠟燭的幻術桌上。表演者又從燒杯中取出第二封，第三封……直至五封信的卡片全照前樣聽完，絲毫無誤。

在演員表演和與觀眾對話時，助手都應靈活地配合。比如念到三、四封卡片時，演者可故意把字說顛倒，如觀眾寫的是「精神文明」，演員聽後說：「明文神精，對不對？」觀眾尚未答覆，助手就接上去說：「哪來的『明文神精』？是不是『精神文明』四個字？」觀眾答：「是。」才算正確，演者即可再往下表演。表演結束後，甲、乙繼續對答。

甲：我們表演的「耳朵聽字」，全屬魔術。

乙：不是人體特異功能。

甲：究竟有沒有「人體特異功能」，請觀衆們看了我們的表演，
乙：再去獨立思考。
甲：再見。
乙：再見。
這種「耳朵聽字」是用的什麼方法呢？看了下面的非眼視覺和心靈閱讀就會觸類旁通。

非眼視覺

一位表演者陳述了他的表演技巧。

我的表演既不借助色彩、音樂，也不借助服飾，而是擺出一副氣功師的架式。我雙腿分開，與肩同寬，二手心向內，捂住丹田，拿出一副標準的站樁練功狀，佯作運氣。用正而八經的口氣煞有介事地緩緩說道：「現在我給大家表演耳朵聽字，請大家寫紙條，每個紙條只準寫五個字以內，可用黑筆、藍筆，絕對不能寫紅字，也不能寫連筆，寫好了以後，請把紙摺好送上來。」

我委託了一個看上去十分和善樂於助人的前排觀衆——老奶奶代我收條子，又靈機一動地指名讓上午在發言中否定氣功精氣存在的氣功專家張洪林站在我的左側充任鑒定人。

站在我右前方的老奶奶把收好的十餘個紙條整整齊齊地碼放在手裡，隨時準備交給我。我故作疲勞之態，要求坐下發功，獲准。

場上極靜，人們瞪大了眼睛。

只見我一人於靜坐狀態中慢悠悠起立，眼半睜半閉，右手伸向老奶奶，索取一紙條，以極慢的動作漸漸把紙條放在額頭上。大約過了半分鐘，我手放下，欲言又止，復將紙條放於眉間，又大約過了十秒鐘，我以十分堅定的口氣說：「這個紙條上寫的是『弘揚』的『弘』字。是哪位先生寫的？『弘』字寫得有點分家。」

我將紙條遞給左前方的鑒定人，他證實，是個「弘」字。

「我寫的。」應聲起來一位五十歲左右的男士證實我寫的紙條是對的。

人們立刻報以掌聲。

我再取一個紙條，這次三秒鐘即「認」了出來。「誰寫了『中國』兩個字？是簡體的。」

「我！」一位戴眼鏡的男青年站了起來。

「您是哪個單位的？」我問。

「人民大學的。」小伙子答。

「嘩——」又是一片更熱烈的掌聲。

隨即我又認出了第三個紙條，上面寫的是「真的假不了」，照樣又是一片掌聲。

十餘個紙條頃刻之間全部辨認完畢，正確率百分之百。

當場即有一位賓館經理和一位公安人員表示，過去從來不信，這次徹底服氣了。

秘密：

這個表演的秘密一句話即可說破：全在一個「時間差」。

第一，在表演前，我請一、二位觀衆做我的搭檔，我問第一個紙條是誰寫的時候，他要站起來承認，是他所為，而且要裝得像才成。另一位則是充當我的驗證人。

第二，當我「認」出了第一個紙條後，觀衆放鬆了對我手中第一個紙條的警惕，就在衆目睽睽之下，我迅速地打開紙條看了一眼，這個紙條上寫的是「中國」。我將紙條交給鑒定人，證實我認得對。待我又認第二個紙條後，說上面寫是是「中國」，觀衆再一次放鬆了對我手中紙條的警惕，我迅速打開看一眼，只見上面寫的是「真的假不了」。餘下，以此類推，我看的是一張紙條，而說的是前一張紙條上的內容，巧妙的利用了時間差。

表演方法：

⑴「過門兒」寧可長一點，自己進入「氣功狀態」，讓觀衆屏息凝神地看一會兒，這種神秘氣氛是氣功文化特有的，具有意想不到的心理暗示作用，像舞台上魔術師那樣從容瀟灑優美的動作，不利於取得觀衆的信任。

⑵認出第一個紙條後，迅速地過渡到第二個紙條，因為第一個站起來作證者往往不自然

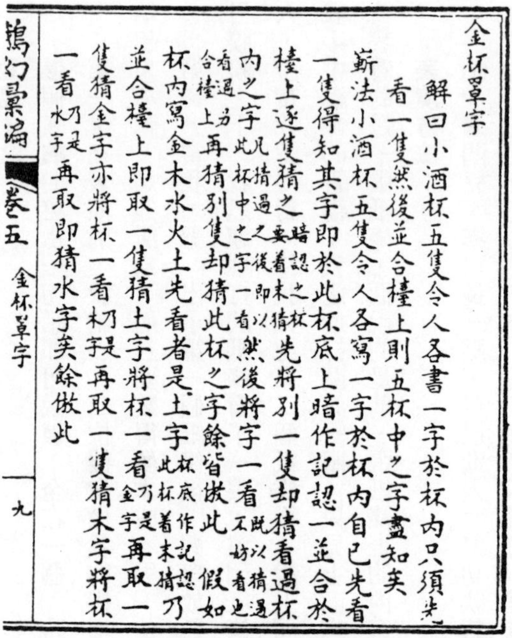

金杯罩字

解曰小酒杯五隻令人各書一字於杯內只須先看一隻然後並合檯上則五杯中之字盡知矣

蘄法小酒杯五隻令人各寫一字於杯內自己先看一隻得知其字即於此杯底上暗作記認一並合於檯上逐隻猜之暗認之杯要着末猜先將別一隻卻猜看過杯內之字凡猜過之後即以此杯中之字一看然後將字一看既以猜過不妨看也看過另合檯上再猜別隻卻猜此杯之字餘皆傚此假如杯內寫金木水火土先看者是土字杯底作記認此杯着末猜乃並合檯上即取一隻猜土字將杯一看乃是金字再取一隻猜金字亦將杯一看乃是木字再取一隻猜木字將杯一看乃是水字再取即猜水字矣餘傚此

鵝幻彙編　卷五　金杯罩字　九

圖11　傳統魔術「金杯罩字」

，搞不好會露了餡。而且，這個地方銜接慢了，細心的觀衆也許會上來查看紙條。過渡得快一點，觀衆的注意力會用在站起來承認是自己寫紙條的人身上，對表演者是有利的。

⑶自己說出紙條上的內容之後，趁觀衆放鬆警惕和注意寫條人的時候，迅速打開紙條掃一眼，動作不能拖泥帶水。最好的辦法是，您的手在做展開紙條的動作，眼睛卻在注意台下承認是他寫的內容的觀衆，面帶自信的微笑為佳。

⑷驗證者如果不是「自己人」怎麼辦？可以先看紙條，一一

說出內容，待手中已有四、五個紙條時，再把紙條交給驗證者。最好同時請三五個驗證人，驗證時，他們每人一個條，來不及思考順序上的誤差。如果只有一個人上台驗證，那麼說出七八個條後，再一塊交給他，並請他到台下去和大家一起驗證條子是否是觀衆寫的。

(5)為避免最後一個紙條沒法說，應在快辨認完這一堆條子之前，或佯作忽略，或佯作疲勞，中途終止。

非眼視覺與古代幻術金杯罩字同理，請看圖11，便能清楚它的來龍去脈。

心靈閱讀

利用時間差，偷看「字」的猜測術，也是外國魔術師常用的技術，胡迪尼的精彩表演可助人們了解真相。

一次海上旅行的途中，胡迪尼在他夫人的幫助下表演了手帕、紙牌、火柴等精巧的小魔術，贏得了在場二〇〇名觀衆的陣陣掌聲。觀衆的興趣有增無減，他們希望看到更多的魔術。胡迪尼變了一個又一個，最後他宣布說：「我感到很榮幸，大家喜歡看我的魔術，我也很願意為大家表演，今天的時間不早了，我最後給大家變一個叫做『心靈閱讀』的魔術。」

胡迪尼之所以把這個節目放在最後，是有他的想法的。這個節目已經陳舊了，各種魔術書上多次公開過這種魔術原理，可是觀衆似乎並不注意這方面的介紹，以至不少所謂「心靈傳遞者」還在利用這種原理製造種種神秘現象，迷惑觀衆。

胡迪尼把這個節目作了一些小小的改動，他想看一看到底有多少人能夠識破他的「超自然」神秘現象，只不過是魔術而已。

胡迪尼對觀衆們說：「首先，這個節目需要一個觀衆代表。」他掃視了一下觀衆，發現前排有一名美貌出衆的女郎。胡迪尼上前問道：「小姐，您願不願意上台為大家做一個見證人呢？」「當然可以。」那女郎高興地答道，大大方方地走上台去。

胡迪尼讓她站在一旁，胡迪尼夫人遞上一頂裝著一些紙條的大禮帽，胡迪尼接過大禮帽對觀衆說：「女士們，先生們，我這裡有四十張很普通的白紙條。」他把禮帽中的紙條交代給大家看。「我把它們發給大家，各位可以在紙條上任意寫一句簡單的話，然後，把字摺在裡面，不要讓我看見，我可以用『心靈閱讀』的方法將它們讀出來。」

說完，便將紙條發給大家，又向那位女郎小聲地交代如何協助他變好這個魔術。不一會兒，觀衆們就把寫好的紙條傳回來了。

胡迪尼夫人用那頂大禮帽把所有的紙條都收集在一起，交給胡迪尼。胡迪尼讓請來的女郎捧著大禮帽，他從中拿出一張紙條，閉上雙眼，把紙條放在自己的額頭上，略皺眉頭，彷彿是在用力思索的樣子，經過一番努力，胡迪尼喃喃地說：「上帝與你同在。」

胡迪尼不斷地重複著，他打開紙條，「啊，對了！」胡迪尼對自己的成功似乎很高興，他將紙條遞給女郎，那女郎臉上也露出驚喜的神情，她不禁叫了起來：「是真的！」胡迪尼說：「有哪位寫『上帝與你同在』了嗎？」觀眾席中一位男子站起來說道：「是我寫的，一點不錯，真是不可思議呀！」就這樣，胡迪尼猜出了許多張紙條的內容。

可是，正當他說出又一張紙條的內容時，一位長著絡腮鬍子的男子愣愣地站起來嚷道：「先生，不錯，您剛才說的正是我寫在紙條上的話。但我覺得，您手上拿的那張紙條不是我寫的那一張。」「是嗎？」胡迪尼微笑著說道：「這倒是一個很有趣的挑戰，那麼，先生，如果您能到前面來親眼看一下，我相信您就能得到滿意的解釋。」

絡腮鬍子先生來到台上，胡迪尼從禮帽中拿出那紙條遞給他，他一看正是他自己寫的，無話可說了，連聲向胡迪尼道歉。胡迪尼的演出極為成功，觀眾們全都給迷住了，一部分人開始思索胡迪尼的魔術是怎麼變的，另一部分人則相信胡迪尼有不同一般人的特異功能。

當然，胡迪尼最後講清楚了。這是魔術，並不是什麼「超自然」的力量。它的關鍵在於：演出前，他先安排兩位助手到台下去，混在觀眾中間。表演時，女助手被當作觀眾請上舞台作見證人；男助手像其他觀眾一樣在胡迪尼發紙條時拿到一張，他在上面寫上和胡迪尼約好的一句話，即「上帝與你同在」。到正式猜測時，胡迪尼先證明猜對了。

胡迪尼為了驗證是否真的正確，便打開手裡的紙條，這樣胡迪尼便又知道了另一句話。

當他再猜測時，就說出剛看完的字條內容，這樣觀衆中又有人證明他猜對了，以此類推，他可猜出所有字條的內容。

耳朵聽色

耳朵聽字流行之後，魔術師們又推出了耳朵聽色、巧猜彩筆、神猜雅扇、靈感猜數等一批節目。真是戲法人人會變，各有巧妙不同。猜測術方法很多，只要下功夫琢磨都能取得獨特效果。

人們看到演者拿出三張像明信片那樣大小的硬紙片，分別為紅色、黃色和藍色，又拿出一個信封，把這些東西都交給觀衆，再讓觀衆把演者的眼睛蒙上，然後請觀衆在三張紙片中任選一張裝入信封內，將信封密封後交給演者，演者把信封拿到耳朵旁邊聽一聽，立即能回答出信封中紙片的顏色。這種猜測還可以重複表演，當觀衆再度選擇紙片密封起來交給演者後，演者將信封放在腋下，也同樣能猜出信封中的

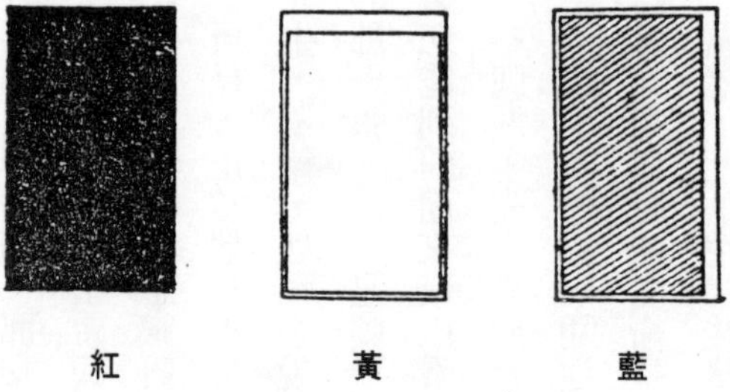

圖12　耳朵聽色

色彩。

這究竟是怎麽回事呢?方法非常簡單。

準備幾個同樣大小的信封，另外剪三張硬紙片，分別塗上紅、黃、藍色，硬紙片必須剪成僅能塞入信封的大小，不要過大或過小，再把其中兩張略加修剪，將黃色紙片剪短一點點，將藍色紙片稍微剪窄一點，由於剪掉的僅是極小部分，觀衆是難以察覺它們中的差別。

把三張紙片分封入信封內，演者不用看，憑手的感覺就能辨認出紙片的顏色來，如果紙片把封套四邊頂得滿滿的，那當然是紅色；如果封套兩頭稍微鬆動些，那麽該是黃色的；如果封套兩邊比較鬆動，這就是藍色了（圖12）。因此用手一摸信封就能猜出顏色。至於耳朵聽、腋下辨認，無非是加強藝術效果，故弄玄虛罷了。

巧測心理

演者拿出一個密封的牛皮紙信封，交給一位觀衆拿好，又取出三條二尺長的紙帶，為紅、黃、藍三色，交給另一位觀衆，請他把三條紙帶連起來，順序由觀衆自己決定，比如第一條為紅色，藍色紙帶接在當中，最後是黃色，形成紅藍黃的長帶。當觀衆接完之後，演者說：「我昨夜就猜想這位觀衆要連成這樣次序了，不信我們把信封打開來看看。」說完用剪刀剪開信封口，原來信封內也有一條三色紙帶，竟也是由紅藍黃順序組成的。把信封交給觀眾檢查，並無夾層或機關。奇怪，為什麼會和觀眾的心意如此吻合呢？假如觀眾另排一個次序呢，比如接成藍黃紅或黃藍紅呢？從信封中抽出的紙帶也能和觀眾連接的紙帶順序一致嗎？難道演員真有特異功能，能預料觀眾所想和所為嗎？

回答是否定的。演員並非生理上有特異功能，而是靠技巧，那麼其秘密在哪裡呢？

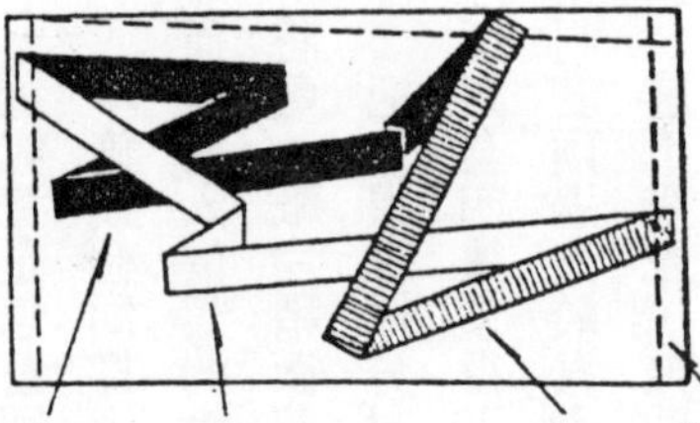

圖13　巧測心理

說穿了，原理也十分簡單，每個人都能做到。準備工作如下：將紅黃藍紙帶接成一個紙環，再把這個紙環裝入信封內，裝的時候要仔細地把紙環的三個顏色交接處，各靠信封一邊，並做好暗記。

比如：紅黃接頭處靠信封側一邊，紅藍接頭靠封底部一邊，藍黃接頭處靠封口的一邊（圖13），然後把口封牢，有了這個準備，表演時就可以隨心所欲。

如果觀眾排的紙條順序是紅黃藍，演者就剪開信封底部的一邊，開封時將紅藍接頭一起剪去，就出現了紅黃藍的奇跡。如果觀眾接的是黃藍紅，開封時將黃紅接頭剪去，就形成黃藍紅的結果，這不是輕而易舉的事嗎？

巧猜彩筆

表演者拿出一盒彩色水筆，赤橙黃綠青藍紫各色俱全，接著又拿出一個小塑料筒，剛好可以裝進一枝彩筆，兩頭有蓋，套上蓋子彩筆是什麼顏色，誰也看不見了。演者把筆和小筒交給在場的觀眾任意檢查，都是極為普通的東西，看不見特製的機關或竅門。演者收回這兩件東西放在桌上說：

「我們來做個試驗，有人稱它為透視功，也有人稱它為他心通，即是你的心思我能知道，您背著我做的事情我能看到。這盒水筆有十二個顏色，還有一個能把彩色筆密封起來的小筒子，我想請一位朋友來參加這個試驗，誰願意來親身體驗一下，請舉手。」

演者從自願者中隨便招呼過來一位，把水筆和小筒交給這位觀眾說：

「你可以找一個我目光所不能及的地方，從這十二枝彩筆中選出一枝你最喜歡的顏色筆，把它裝到這個小筒裡，蓋好蓋子還給我，其他的十一枝筆請你也收好，別給我看見，我要用耳朵來分辨一下你的愛好，我要用天目來看一看你的選擇。」

觀眾果然躲到門外選出自己喜歡的彩筆，套在筒子裡交給演者，演者開始握著這枝筆發功運氣，最後把小筒靠近耳朵靜靜地聽一會兒，或者貼在天目穴上「感應」片刻，最後，準確地猜出筒內彩筆的顏色，屢試屢靈。

這個節目看上去很像有特異功能，其實不然，演者用的筆和鐵筒雖然沒有什麼特殊結構，但他設計了一個巧妙的動作，即把筒子和彩筆交給觀衆試驗者之後，為了避免偷看之嫌，他轉身面壁，背對觀衆，等觀衆送回小筒，他是背著手接的筒子，當他轉過身面對觀衆時，小筒子自然就轉到身體背後。在運氣發功的動作掩護下，演者迅速暗暗打開小筒，手指尖輕輕接觸筆尖，又迅速蓋上筒蓋，手上自然會留下水筆的顏色，在把小筒拿到耳邊的過程中，眼睛一掃手指，便能發現水筆是什麼顏色，再做一些靜聽、感應的姿態以迷惑觀衆，隨後說出彩筆的顏色，同時再把筒中的筆倒出來以證實他的判斷準確無誤。

即使人們發現他手指上粘了一點顏色，也不會疑心他偷看過彩筆，如果更細緻一點，也可以準備一張帶有洗滌靈的手巾在衣袋裡，乘掏手巾擦汗的機會把手指頭擦乾淨。這個節目可以連續猜兩三次也不會讓人看出破綻。

神猜雅扇

表演者從提包裡拿出一個黑絲絨的口袋，解開袋口的繩子倒出三把綢扇，一把展開是紅色扇面，第二把展開是白色扇面，第三把展開是綠色扇面，演者拿著三把扇子對觀衆說：

「今天為大家表演的是一套傳統的心理猜測術，我這裡有三把不同顏色的扇子，請台下無論哪位觀衆從中挑選一把你最喜愛的扇子，把它裝入這個不透亮的口袋中，把另外的兩把扇子藏起來，我無需接觸雅扇，僅靠心靈遙感便可知道你的愛好。」

他把扇子和口袋交給台下觀衆，觀衆背著演者裝了一把綢扇在黑色絲絨袋中，又把另外的兩把藏好，演者讓助手到台下收回裝有扇子的口袋，站在台口，這樣無論是演者還是觀衆都不能再接觸扇子，不能任意改換扇子的顏色。

演者全神貫注的凝視著絲絨口袋，肯定地說：「你選的是紅色的扇子。」當助手打開口袋拿出扇子時，觀衆發現演者說得一點都不錯，確實令人感到神奇。

其實說穿了很簡單：三把扇子大小雖然相同，外形相似，但是這三把扇子上各有暗號。紅色扇面的一把，扇下邊一頭的鞘釘是平的；綠色扇面的一把，鞘釘的兩頭比較突出且打磨圓滑；白色扇子鞘釘成尖型。觀衆把扇子秘密地裝進口袋，用繩子紮緊口之後交給助手，表面上看來扇子是密封住了，其實助手一摸扇子鞘釘的形狀便知道扇子的顏色了。

助手和主演之間還要預先訂好三個暗號，如果助手左手拿著口袋說明扇子是紅的，右手拿著口袋扇子就是綠色，雙手舉著口袋說明扇子是白色的。由於這些動作都很自然，觀衆並不知道他們是在傳遞信號協同做戲。如果這個節目要多演幾次，演者和助手就要多約好幾個暗號，請的觀衆也要更換，以免重複示意，重複比較，露出破綻。

傳統預測術

在眾多的傳統預測術中選載四套（圖14、15、16、17），這些技法，至今尚有人在表演。如何表演，可參見《鬼八字》，便可知一斑。

「鬼八字」

傳統的預測魔術，最常見的是用於看相、算命，仔細剖析一下「鬼八字」算命的三道神通，便可知曉這些異能全是運用了魔術技法。

早年，成都某地有個算命攤子。算命先生頭戴瓜皮小帽，案頭書寫三個醒目的大字：「溫諸子」，下方註有：「奇門遁甲隔夜神術」。因為這位算命先生算命的手段「神奇」，人稱「鬼八字」！

「鬼八字」攤子上放著個五公分高、直徑二六毫米的小竹筒，內裝八根細竹簽，每簽長約八公分，粗細如普通毛線簽子。各簽不僅兩端均勻一致，而且長短、輕重都完全相同，他分別寫上「鐵拐李」、「呂洞賓」、「張果老」、「何仙姑」等八仙的名字。近幾十年，則

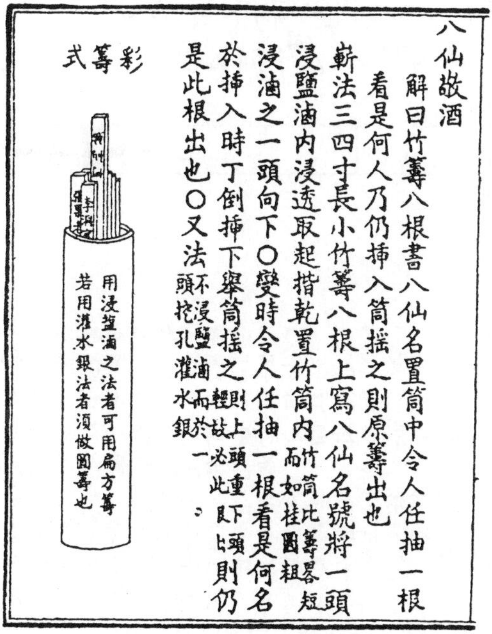

八仙敬酒

解曰竹籌八根書八仙名置筒中令人任抽一根看是何人乃仍插入筒搖之則原籌出也

斬法三四寸長小竹籌八根上寫八仙名號將一頭浸鹽滷內浸透取起揩乾置竹筒內竹筒比籌畧短而如桂圓粗浸滷之一頭向下○變時令人任抽一根看是何名於插入時丁倒插下舉筒搖之則上頭重下頭輕故必此根則仍是此根出也○又法不浸鹽滷而於一頭挖孔灌水銀。

彩籌式

圖14　古籍中記載的「八仙敬酒」

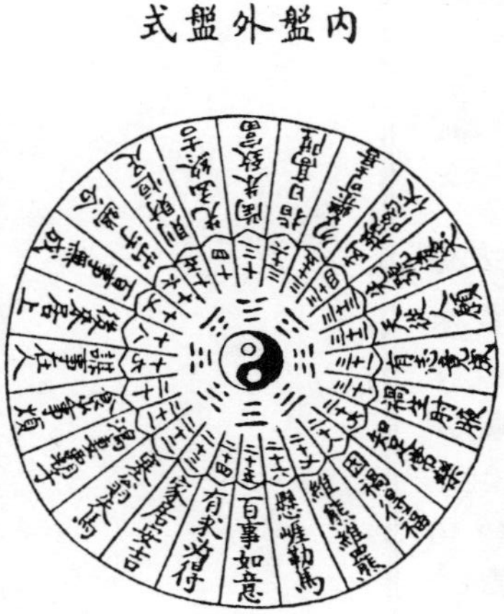
未卜先知

解曰紙圖上遍寫讖語中間另有號數先以另紙一條預寫一語摺好置之令人向圖上隨意何處起依號數點去則點到號數之處看其讖語與預寫紙條上者脗合無差也

𣂷法厚圓紙一張（約徑長一尺二三寸）四週圍遍寫讖語成句或四五十句或八九十句皆可厚圓紙之中間另做一小圓紙（亦用厚紙徑約六寸為之內盤其大圓紙為之外盤）四週遍寫號碼（寫在反面）號碼之多少照讖語之數將四週之紙邊剪開寸許作花瓣狀（每一瓣寫一號碼如作數十語者照此法做之）今設將二十四語者喻之其號碼不可從一數起却須要十餘數起今作其以十三數起（計二十四行）至三十六數止凡二十四行者則以二十五數為定點（如作四十行者以四十一數為定點如作七十行者則以七十二數為定點餘做此）以即於內盤二十五號之正面做暗記　定點者以之相向某句則任從何處起依號點之必皆定止於此也

假如今圖以定點向百事如意句即用紙條預寫百事如意四字然後令人不論從何點起則皆止於百事如意上也（內盤之中心插一鐵針使可旋轉使一如將定點旋向指日）高陞則預寫指日高陞餘皆做此

鵝幻彙編　卷五　未卜先知　十七

內盤外盤式

圖15　古籍中記載的「未卜先知」

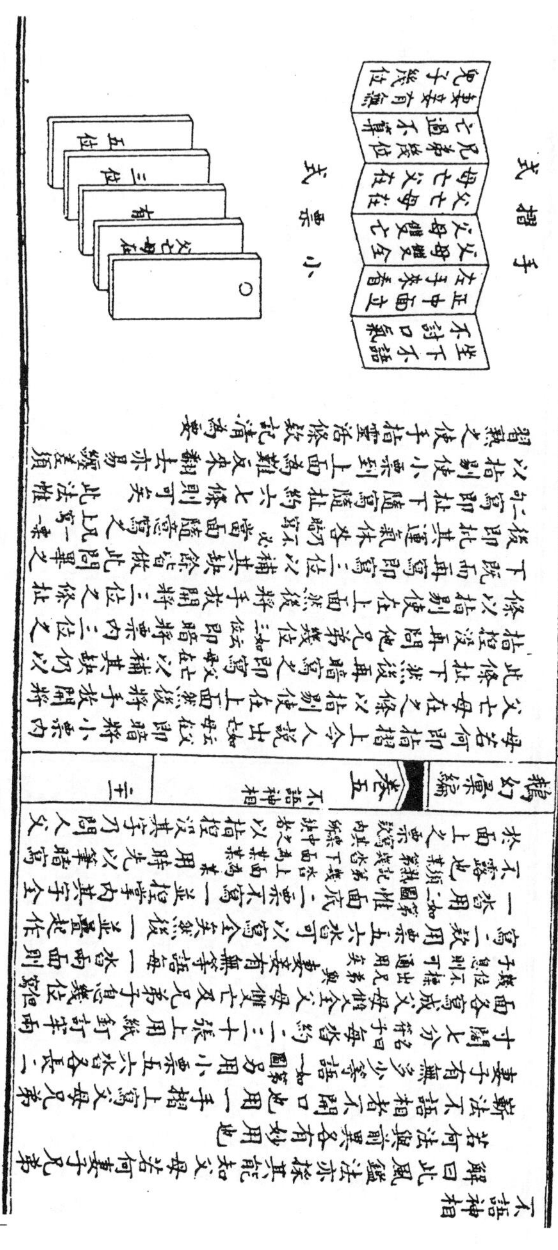

圖16　古籍中記載的「不語神相」

隔夜神數

解曰又名諸葛神數（又名孔明燈前數）乃算命法也用命書一紙套於紙袋內預寫其某姓某名某年月日口報某花父母如何妻子如何兄弟如何一一無差也（此非真術乃手訣過門法也所謂新者乃過門手法之真傳新法耳）

新法用厚紙做袋四個約一寸八分闊二寸五分長袋面寫奇門遁甲四字其式照圖（四袋做成一式）其三袋各有批好命書一張（姓名八字亂寫之）其一袋中間開小門其命書上留空名姓年庚及口報花名父母兄弟妻子等字而措就使以上各款鑽聚於一處恰在袋中之小門內為之彩袋另用小票數十張（約四寸長三寸闊）訂作一沓小票面上預寫成（某卦某第幾千幾百幾十幾萬幾號）即以彩袋

鵝幻彙編　卷五　隔夜神數　十八

置小票面上一並夾藏於書冊內（要小票之反面向上）用時將三袋之中任取一袋令他人執在手內然後問其姓名年庚等語一一記在（粉板上並無一字故看不見也）乃將書冊內之小票取出（取出使之翻轉）（時反面頭在上故彩袋及對面將彩袋之面對）將筆托言寫號頭（號頭須將小票之面向立必須翻轉而直立則使之）及取在手中即速翻轉（人但見其寫狀而不見其所寫之字）口內自語某卦幾萬幾千號而手中之筆實將此人之姓名年庚等字補寫在彩袋小門內（寫好袋口即插）寫畢即將彩袋抽向小票之下（彩袋原在小票之號頭上面得見今而抽向彩袋小票下面貼在下則票上矣）即將號頭之票扯去而以他人手執之袋取來即放在小票之上面（批言與查不對）查對轉眼之間將小票翻一轉身（則原彩袋在下面彩袋在上矣）然後將彩袋當面拆開（與粉板所記者）一字無差也

封袋式

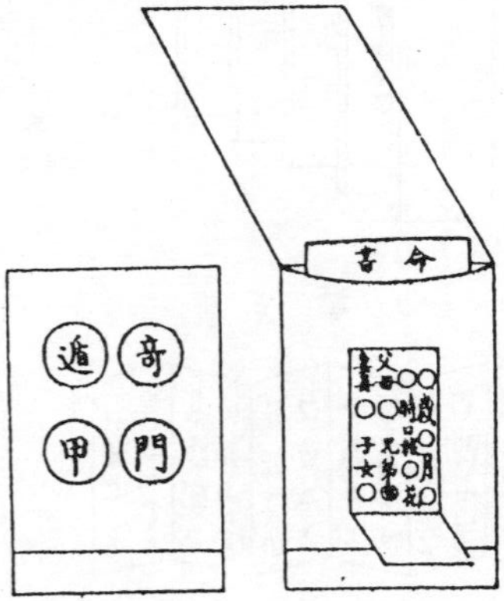

圖17　古籍中記載的「隔夜神數」

改寫為一、二、三、四、五、六、七、八……的序號。

算命過程：

「鬼八字」用手輕搖簽筒，念念有詞，雙目半閉，貌態安祥自在。實際上，他正在目測四周圍觀的來人，物色對象。推測哪些人誠心來算命問卦的，哪些人是故意前來找岔兒的。圍觀者均可以從筒中抽簽一支，交「鬼八字」當衆展示之後，丟進簽筒，攪混幾下。接著，一邊手搖竹簽，一邊嘴念「咒語」。頃刻，筒中一簽搖出。拾起一看，如果不是你所抽中的號簽，任你去吧，不取分文。反之，如果一次、二次、三次都搖中此簽，「鬼八字」就用他的三道「神通」，死死抓住求簽者的心理，直到把他口袋裡的錢全掏出為止（圖18）。

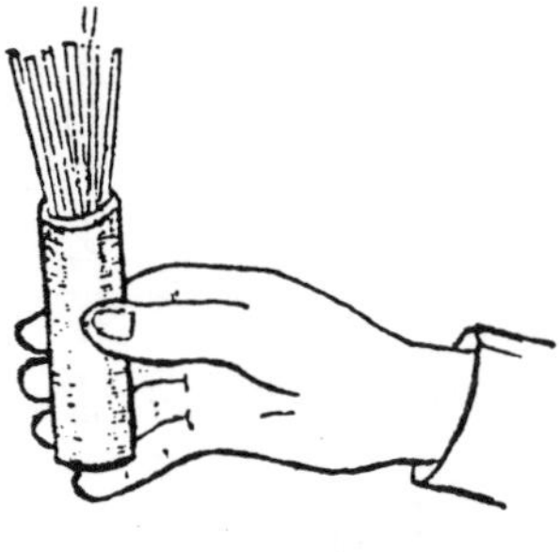

圖18　簽筒

「鬼八字」第一道「神通」：

桌上擺著兩張直徑三十三公分的大圓紙片，下面一張以圓心為中點畫出放射狀等距的二十四格，每格內有一句相卜者的江湖語言，諸如「求財往東」、「考試不中」、「六甲生男」、「婚姻不順」等等。蓋在上面的紙片在二十四個弧形花瓣邊緣的下面，依次編寫有從1到23的順序數字。兩紙片合拼蓋好後，「鬼八字」便取一小方黃表紙，放入瓜皮帽中，用毛筆背著大家寫上四字，並放在攤面下，暫不讓人看見他寫的具體內容。然後給求卜者一枚小錢，任他選壓一角。翻起所壓的紙邊即見下面的數字。比如「十三」，馬上依次向左數到十三，再揭開蓋著的紙片，正對下面一格寫著「考試不中」，翻開他預先寫好的紙條，也是「考試不中」。如不相信，可以重複，結果仍然是壓著他事先寫好語句那個角格。

「鬼八字」第二道「神通」：

兩本擺在攤上厚厚的線裝書，每篇上都有四句求神問卦的打油詩和示意圖。當衆翻閱，各頁所寫均不相同。接著，他先寫幾句話壓在桌上，仍由你任翻一頁。奇怪的是，翻出那頁所寫的話句，正好與他預先寫好的話句相同（圖19）。

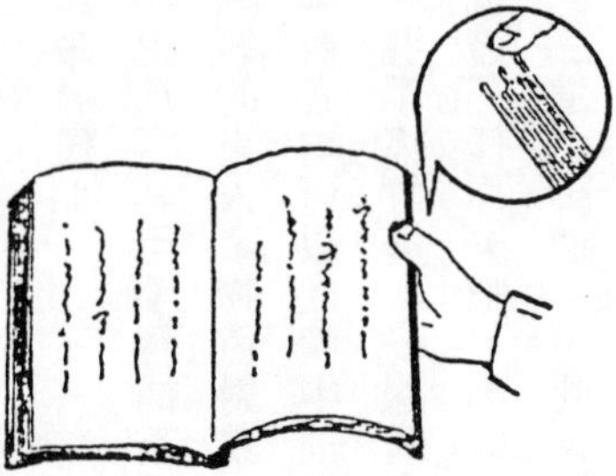

圖19　命書

「鬼八字」第三道「神通」：

這就更加神秘莫測了。他先寫文一篇壓於桌案之上，雖然看不清詳細內容，但墨跡隱約可見，絕無夾帶。接著問抽簽者尊姓大名，貴庚幾何？何處人氏？貴府現有人丁幾口？房屋坐北朝南，還是坐東朝西？今天上街是辦什麼事？身上帶有多少錢等問題？「鬼八字」問一句，抽簽者答一句，他當衆記一句。問完記完，再翻開他先前寫好的一張文字對比，竟像複寫似的，不差分毫。臨時的問答，不借助任何道具，怎能得出這種意想不到的神奇結果呢？圍觀者驚訝不已。只聽「鬼八字」說道：「你今天耽誤了我好大一陣時間，我分文未收，這桌上三個紙包是事先放好的命書，現由你任選一個，我當衆撕開，如果紙上所寫的姓名、年庚和你來算命的時間都一點不差的話，這就是你的命書了。命書上有你這一生的歸宿，何年遇災，怎麼解難，何年發財，怎麼進寶，哪年仙逝，幾兒幾女送終等等。你要這張命書就出一塊大洋（銀元），不要你走你的，鄙人一文不取！」

雖然一塊大洋在當時是很值錢的，但和一生的命運相比就微不足道了。多數求卜者都不會放棄繼續測算的機會。他會伸手在案上選一個紙包，戰戰兢兢交給「鬼八字」拆開，只見密密麻麻寫了一大篇，命書開頭分明寫著：×年×月×日時，姓名×××，現年××歲。正好與求卜者的情況相同，他只得忍痛拋出洋錢，取走自己的「命書」。

其實，這三道神通都是傳統戲法。

先看看奇怪的抽簽術。

這是「鬼八字」騙人把戲的「把門關」。看起來彷彿是碰運氣，隨便搖出來的，實際上則是由他隨心所欲操縱的。

這八個竹簽雖然長短、粗細、輕重全都一樣，但統統是一端稍重，另一端稍輕。放入簽筒時，重端一律在下，輕端在上。就憑寫在簽上的人名或數字的方向加以區別。假如要讓某簽搖出來，他就把該簽顛倒插入。小小一根簽子，加上他熟練的應付技巧，絕不會引人注意。七根重端在下，唯這根重端在上，必然首先搖出。

簽子製作方法很妙，是將乾透的竹塊刮去竹青，製成完全相同的八根簽子。再用線捆齊，垂直放入五公分深的濃鹽水中，浸泡七～十天，取出曬乾。鹽分滲進了浸泡的一端，便造成竹簽兩頭輕重不一的微小差別。

再看看「鬼八字」的第一道「神通」。

這套魔術很簡單，兩張紙片大小、形狀都一樣。下面一張畫了等分的二十四格，每格內各寫一句內容不同的行話。關鍵在上面這張紙片。先翻過來，在各格的邊緣上依次寫一、二、三、四、……二十三，唯獨留下第二十四格不寫，並在正對此格的背面紙邊上，暗做一個只有自己才認識的毫不顯眼的記號。

根據來人的衣著、談吐、言語所流露出的心事，選出一句與之相適合的句子。比如，商人就選求財有道這類口訣；學生就選升學、考試一類口訣，如此類推。他先寫好心中選定的一句話壓在桌上，再蓋上面一張紙片。一定要使有記號的一方對準所寫內容的那一格，將兩張紙的全部花邊對齊，旋轉一下，丟在桌上。這樣，無論求卜者用小錢壓定哪格，只要翻起該格的數字，朝著與上面順序相反的方向數去，最終都必然數到他所指定的那一格上。

如果上面紙片所寫順序是順時針方向，就應朝反方向去數，而且一定要從相鄰的一格開

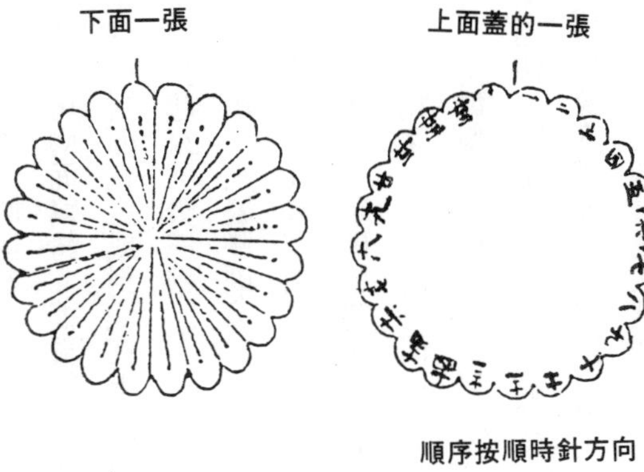

圖20(1)

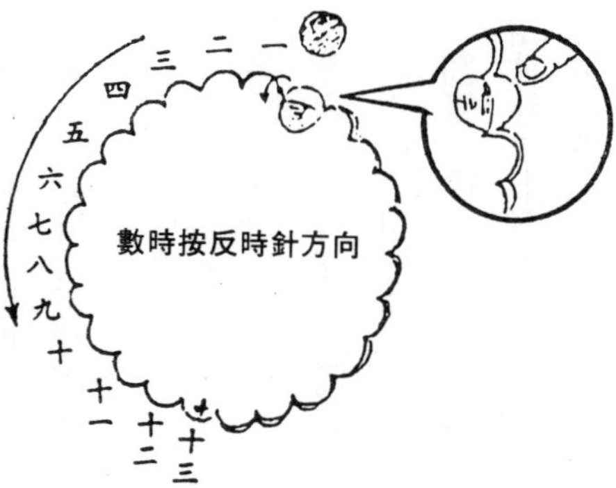

圖20(2)

始，不數本格。碰巧，來人正好壓著此格，則用不著數「此格下面未寫數字），將紙片揭開即可（圖20(1)、(2)）。

其實這種方法並不深奧，類似的表演形式很多。比如，用豆子數「扇子」，用撲克牌擺圓圈猜花點等，都是同一原理。後來，這套節目有人加以改進，變成所壓的數字無論順數或倒數都是同一句話，增大了難度。

第二道「神通」也是一戳即穿。

「命書」的秘密是封、底兩面完全相同，便於兩面翻書。每面都是雙面對摺裝訂，既好翻閱又可兩面寫詩。總頁數不定，規律是單頁碼稍長，雙頁碼略短。這樣就可因翻書的方向不同（封面在上或封底在上）而露出單、雙頁碼不同的正反兩面。每面上都寫有四句打油詩，概括起來共分三種。

甲組：凡屬雙碼篇的正面上，都寫完全相同的四句；

乙組：凡屬單碼篇的反面，則寫另外相同的四句。

丙組：在單碼篇的正面和雙碼篇的反面寫上內容完全不同的各種詩句。封面與封底一樣，都不寫字，封面的反面寫乙組詩，封底的正面寫甲組詩。

向觀衆交待命書時是封底在上，左手翻書，因此依次露出的都是內容完全不相同的詩句，以使大家相信他的書每篇都不一樣。當他讓求卜者本人翻書時，則翻過來讓封面在上，這樣無論翻到哪裡，必然出現甲、乙兩組詩句（各在一面）。

如果演者事先在紙條上寫甲組詩，觀衆翻開之後，他很自然地把乙組這面書背捲過去，壓在桌上，只現出甲組這面。等到圍觀者核對無誤之後，他順手向後多翻一篇即現出兩面完全不同的丙組詩；如果事先紙上寫的是乙組詩，待翻開之後就把甲組這面背捲過來壓在桌上，並順手向前多翻一篇。同樣現出兩面不同的內組詩句，從而使人們相信他這本書的內容，不論多翻一篇或少翻一篇都各不相同。

在馬克・威爾遜的魔術教材中，有「集郵奇冊」一節，內容與此頗相似，他的「門子」不是長、短篇，而是兩端用斜角交叉的辦法。國內也有演員在上述基礎上，將書的邊緣中段增加兩處「門子」，使同一書因翻不同部位而現出不同畫面的結果。但是這些方法只能是演員自己翻，不能讓觀衆過手。「鬼八字」採用外形相同的幾本書交替使用，確實有其優越之處。

「鬼八字」的第三道「神通」為什麽擺在桌上的紙包裡會有求卜者的姓名、年齡與算命的時間呢？

原來桌上先擺著的三個小紙包，全是無關緊要的。在他瓜皮帽裡邊夾層內，藏有另一個同樣紙包，此包的背面用刀片將包皮紙開了個「ㄩ」形活門，翻開活門正好露出裡面命書上填寫姓名、年齡、時間的空白處。這點在摺疊命書時，一定要安排好。除此之外，帽裡還藏有另一張等待填寫各種問題的紙條。

「鬼八字」巧妙地耍完前兩種騙局以後，他第三次仍然先在帽內預寫紙條，並壓在桌上。觀衆見前面兩次都是先寫後變，故不會有任何懷疑（這就是利用了觀衆的連續性心理作用）。接著他開始公開詢問求卜者的姓名、年齡、住址、上街幹什麽等等一連串問題。一邊問，一邊用筆在帽裡記錄，就在這個時候，便把剛剛知道的姓名、年齡和時間塡在包內露出的空白處，也同時把藏著的另一張紙條塡完。這一著是成敗的關鍵。此刻對他威脅最大的是可以看淸帽內情況的右側背後的觀衆。所以每到此間，他都要借各種巧妙的方法來維持秩序，讓後面的觀衆稍退一點，等待一切就緒後，即將帽內紙包藏在手裡，暗中調換求卜者選中的紙包。然後再當衆拆開，所以求卜者的姓名、年齡等也就躍然紙上。那張事先塡好的與求卜者無關的紙條也是被帽裡這張「移花接木」地調換了。

「鬼八字」的成功之處就在於：一是門子設計巧妙合理；二是應付自如，江湖經驗豐富；三是「換托」技巧老練、高明。

最後還要補充說明一點，「鬼八字」的命書裡雖然全是荒誕無稽之談，但也有一個共同的規律，就是語句的「雙關性」和「多變性」。如大家熟悉的「父在母先亡」一句，無論怎樣解釋都說過去。

比如，來人的父親在，他說「父在，母先亡」；來人的母親在，他也說對了「父親在母親的前面死去了，也就是父親先死，母親還在」；來人的雙親都健在，那就解釋為你的二老將來去世的先後；來人的父母都早已去世了，他又可解釋為當初誰先死誰後死的問題。這些似是而非的詭辯性語句，對於一個迷信鬼神、欲知命運的人是很容易輕信的。算命人如果不在這些問題上下功夫，要想長期迷惑群衆也是很難做到的。

「窺破人心」

「他心通」是佛家用語，意指人修煉到了一定程度，可以閱讀別人思維、窺破人心。據《禪法要解》說，修習方法是在四禪寂定心中觀察自心，然後推及他人，又及一切人。是否實有其事，在此不作定論。

但是自稱可以做到「他心通」，並設堂表演大有人在，他們每每成功，贏得一批信徒，有的在氣功班上大展奇能，使人神魂顛到。

一位記者曾向朋友介紹了他的奇遇。這位記者對特異功能一類說法本來是不信的，經過這次事件之後，他改變了態度，變得熱心起來，並常常以自己的親身經歷進行宣傳。

一天，他去一位氣功師家裡，直截了當表明來意：欲見識一下師傅的氣功本領。師傅笑答：「這好辦。」師傅請記者注意看看室內牆上的三幅國畫，並把它們記住。這三幅畫，一為寫意落花，一為蒼鷹奮飛，一為飛瀑流瀉。師傅道：「我出去，您一個人在屋裡，隨便從三幅畫中選一幅，不斷用腦子想著它，越強烈越好。我回來便知您想的是那一幅。」

記者選了飛流直下的那幅國畫，遵囑不停用腦子想著它。約摸過了三、五分鐘，氣功師進來了。他看看記者，用手指了指那幅記者心中想的國畫說：「您想的是這幅吧？」記者點點頭稱是。

如何解釋這個現象呢？

三幅畫中選一幅，猜中機率是〇・三三還多一點。這同考試選擇填空一樣，瞎蒙也可以蒙對一些。如果猜一次正趕上〇・三三，這一次的正確率給人的印象便是百分之百準確。因此，只一次猜中（姑且說「一次閱讀他人思維」吧），說明不了什麼問題。

「氣功師出去了」。到什麼地方去了？怎麼排除氣功師在「出去」期間不透過玻璃或其它孔洞窺視這位記者的行為呢？既然畫分掛三處，記者盯視其中一幅，必然有相應形體動作出現，如果此時氣功師在窗外，這一切就會一目了然。所以，這種表演是證實不了氣功師的特異功能的。

即使氣功師沒有窺視，進屋後，他同樣可通過觀察記者的神態而測知。觀察別人的神態，這是一門技術，實踐越多，技術越精。人們通常不很注意的一些細節，包括一些細微表情、手勢等，都可從中進行推測。儘管這種技術也令人驚奇，但絕非是什麼特異功能。

還有再舉一個例子。

那是在一個氣功學習班。氣功師說，誰願意診病請到台上來，有幾位病人到了台上。氣功師一一說出他們的身體狀況，果然八九不離十。一位小伙子也上了台，氣功師劈頭就是一句：「你沒病，你的病是思想病！」病人一怔。氣功師接著道：「你這麼大個人，堂堂男子漢，這麼一點人生的挫折都經不住，你想不開，你痛苦，甚至還想輕生，你是不是這樣想過？」「我是這樣想過，老師，您真是仙人啊！」小伙子雖然受到訓斥，可佩服得五體投地，不住地點頭。

「你這樣沒出息、沒骨氣，能對得起生你養你的父母嗎？能對得起孕育萬物的天地之氣嗎？與大自然相比，人生渺小而短暫，你愧對大自然。今天我依太易之理，傳氣功給你，收你為徒，希望你能有一點悟性，做一個練功修行之人。」

小伙子滿面通紅，點頭稱是。其實，這不過是個「心理戰術」而已。

氣功師所說的「沒病」，「是思想病」，實際是一個矛盾的句子。既然沒病，怎麼又是思想病？因為心理失衡所產生的病態是不是思想病呢？如果是，人類疾病中的相當大一部分就被概括進去了。所以，氣功師說了這一句矛盾的、辨證的話後，不論病人怎麼做出反應，都證明氣功是正確的。這是算命先生常用的一個句套子。

假如氣功師話準，小伙子說：「我有病，肝上長了腫瘤，是早期的。」這句話否定了氣功師說的「沒病」，但是，沒有否定氣功師說的「思想病」。氣功師馬上可以舉出公開報導過的，被治癒的各種腫瘤患者的例子來說明這個病不可怕，可怕的是小伙子的思想，所以還是「思想病」。而且氣功師會闡釋：你總想自己是癌症病人，這是個壞意念，即使病本身不重也因思想負擔過重而加重病情。反之，則獲得一種解脫的道理。

這位小伙子在聽到氣功師說自己「沒病」，「是思想病」時，先是一怔。這個「一怔」，就是體態語言，等於告訴氣功師，「你說對了，你是怎麼知道的？」

氣功師知道嗎？氣功師知道的只是此刻小伙子體態表情言語上流露出來的信息。接下來，氣功師點了小伙子「一點人生挫折」、「想不開」、「痛苦」、「輕生」念頭等，這是進一步的投石問路。「人生挫折」可以理解得更寬，不僅限於疾病，無論小伙子是因為失戀而痛苦，得了焦慮症，工傷扭了腰得了腰間盤突出症，身上長了白癜瘋害怕擴至全身，還是調級沒成提幹告吹，均在「人生挫折」範圍內。「想不開」、「痛苦」那是自然的了。

請注意，氣功師並沒有肯定地說小伙子輕生自殺，而是問「你是不是這樣想過？「偶然間有過輕生念頭，這樣的病人到氣功門診、氣功學習班求治的太多了。儘管氣功師熟知這一點，知道這一條猜中概率很高，但他仍然沒下結論，而只是提問，所以，萬無一失。

假如小伙子回答：「我從來沒動過那個念頭」，氣功師會說：「那就對了，說明你尙可救藥，不是愚不可及。」反正，怎麼說都行。

「思維傳感」

「我讓你想什麽，你必然就想什麽。我這種命令方式是通過思維傳感功能介入你的大腦的。隨你怎麼抵抗，改變思路，最終都跑不出我的意念控制。」一位氣功師邊說邊進入氣功狀態開始表演。

只見他遞給一名觀衆一個封著的牛皮紙信封，並對這位觀衆交待：「您可以從牆上掛著的四幅畫中任選一幅，並不停地用腦子想著它，然後您告訴大家您想的是哪一幅之後，你再打開這個信封，看看裡邊所夾的是不是您想的那一幅。」他繼續說道：「這四幅畫，依次是黑猫、黃狗、小白兎、紅狐狸。」這名觀衆按照氣功師的囑咐做了，然後說：「我想的是中間那隻黃狗。」氣功師拿過信封剪開，取出了一幅畫，正是那隻小黃狗。衆人信服地鼓起掌來。

這名觀衆似有所悟，突然撿起剛才那個信封，往裡看了看，又使勁往外倒了兩下。可是什麽也沒發現。

又一名觀衆自告奮勇上台。他背對著那四幅畫，不看觀衆也不看氣功師。氣功師說：「您這樣多彆扭！還是轉過來吧！」

觀衆對大家說：「我給大家揭這個秘吧。我猜他是通過觀察每個人的面部表情判斷出來的，現在我不看畫，也不讓他看見我，這樣他就沒辦法了。」

觀衆中馬上有人表示反對：「你說的全是外行話，在你沒上台之前，師傅就已經知道你會猜哪一幅，因為你在師傅氣場範圍內，師傅用意念命令你選四幅畫中一幅，這是思維傳感……」

那位觀衆不耐煩地說：「既然可以對我實行思維傳感，那就當場實驗吧。」說畢，轉過臉站在那裡。

氣功師拿出一個信封放在桌上說：「你想的畫就在這個信封裡。」

「我想的是黑猫。」

氣功師從信封中抽出一張畫片，正是一隻黑猫。照例又是一片掌聲。

這位觀衆怔在那裡，半晌說不出話來。

表演進入高潮。氣功師要求多上來幾位，八位男女觀衆一塊上了台，氣功師向每人前邊的小桌上放了一個信封，然後揚手向這些人擺了擺。台下有人小聲說：「發氣了，發氣了！」

第一名觀衆說道：「我想的是貓，黑貓。」氣功師即從他眼前的信中拿出一隻黑貓的畫片。

第二名觀衆說道：「我想的是第三幅畫，小白兔。」氣功師從信封裡取出的畫上正是一隻小白兔。

餘下六次，也無一不對。掌聲一陣高過一陣。

大家都服氣了，承認這位氣功師是具有思維傳感能力的有特異功能的人，他可以用意念命令別人想什麽。

「老師，我不是不相信您的功能，只是我覺得這種表演不足以證明您的功能。假如到台上去的人都是您的助手，你預先做了安排呢？一位觀眾又提出疑問。

氣功師面不改色，那幾位上過台的人可不幹了。

「你這完全是不負責任的主觀猜測！」一個說。

「你胡說八道！」另一個說。

「您大概對人體科學一無所知吧。見多了您就知道了。不信是不行的。您別信口開河，說我們這些人都是『托兒』，這是對別人人格不尊重啊！我問您，您認不認識這位老師？」一位觀眾闡明觀點後又追問了一句。

「我不認識老師！」

「那好，我們就讓老師再辛苦一次。」他說完話轉向老師：「老師，您能不能再表演一次，這是最有說服力的。」

氣功師和和悅悅地說：「有人懷疑，這不怕，也很正常，真的假不了，假的真不了。表演是可以，可是我有點累了，功能可能會受到影響，也有不成功的可能。這樣吧，萬一我這次失敗了，三天後，請這位朋友再來一次，也可以請一些新朋友來，我專門為那些懷疑、不相信的朋友表演。大家說好不好？」

「好。」眾人齊聲作答。

氣功師隨手從包裡翻出一個信封，說道：「這位先生腦子中想的這四幅畫中的一幅，就在這個信封裡。」然後伸出右手向那位提出疑問的觀衆示意：「您說吧！」

「我想的是狐狸和黃狗。」

氣功師撕開信封，取出兩張畫片，一是紅狐狸，一是黃狗。他獲得了更為熱烈的掌聲。

難道這位氣功師真有思維傳感功能？

否。全部秘密都在信封上。

這是一種特別信封，裡邊一共有四個夾層，每一層裡面放一張薄薄的畫片，因為牛皮紙本來較厚，所以不仔細比較，是不容易發現信封異常的。聰明的氣功師沒有把四張畫片從信封的一面放入，而是從四面分別放入，這樣打開一面，只能見到一幅畫。不知底細的人當然看不出來了。

每次拆信封都是氣功師親自動手，若換了別人，就會露餡兒。

後背認字

尤利走上台，他富有魅力，漂亮而又充滿了孩子般的熱情。他說他過去是虛度時光，特別是因為他不會為科學家做點什麼。他解釋說，一個觀衆的思想情況對他的表演是極為重要的。如果人們與他一致，那麼什麼事情都能出現；如果人們與他作對，則一事無成……

尤利從觀眾中挑選了幾個女性志願者開始了他的表演。他不斷地對我們說，如果沒有什麼事情發生的話，千萬不可失望。「只要想著某種事情發生，也許它就會出現」。

他讓第一個婦女在黑板上寫出一種顏色的名稱。在女人寫「藍」字然後又擦掉的那段時間，尤利一直不看。

他要觀眾在數三個數的時間中記住顏色的名稱。尤利說：「1、2、3……」一個長久的停息，「OK」，他說，「顏色是藍。」觀眾狂熱地鼓掌。

摘自美國《今日心理學》一九七四年六、七月號

上面摘引的這一段文字生動地記述了以色列著名「超人」尤拉·蓋勒（以前譯作尤利·蓋勒）在美國表演傳心術的場面，這種黑板上測字的能力，如今在我國被稱為特異功能。

某些氣功師在展現這種功能的時候，跟尤拉·蓋勒別無二致。也是請觀眾上台來，在黑板上寫一種顏色或直接塗抹這種顏色，而他自己則背對黑板，閉目做功。為迷惑觀眾，氣功師在表演時，通常都要目測、步測黑板到他的距離，使人感覺這個距離要十分精確，並且要「入靜」一會兒才表演。

這種「傳心」的功能其實很容易做到。但是需要兩個人協同動作。如果有一個人在台上表演，那麼一定有一個同伙在台下接應。說穿了，是台下同伙的眼睛替代了台上表演者的眼

睛，有人替表演者看到了黑板上的內容。

那麽，台下的同伙怎樣把黑板上內容的意思告訴台上的表演者呢？

說話顯然是不行的。

比較實用的辦法是打手勢，但像聾啞人那樣令人眼花撩亂、眉眼亂動的手勢不行，很容易被人識破，所以，表演者一般要自行設計一套簡單的手勢（包括體勢）。

表演的程序是事先規定好的（設計好）。舉例來說，台下上來一名觀衆在黑板上寫了一個「黃」字，或用黃筆在黑板上塗了一片黃色，台上表演者馬上「猜」對了。這種「猜」借助的是台下同伙右手搭在左肩上這樣一個手勢。

為什麽右手搭在左肩上就可以代表「黃色」呢？

因為表演者與同伙事先已規定好（設計程序）右手放左手背上，是紅色，右手放在左肘外側是橘黃色，放左肩外側是黃色，放在左頸後側是綠色，放下頦上方是黑色，放右頸後側是藍色，放右肩外側是紫色，什麽表示也沒有是白色，咬咬嘴唇是沒有寫……

只要記住了從左至右的順序和「紅橙黃綠青藍紫白無」的順序就可以了。

做這種表演的人一個共同特點是都要設置迷魂陣，故意引誘觀衆「想入非非」。比方這種辨識顏色，表演者要求觀衆在黑板上塗色要重，要見方，邊長不小於十公分，並且一次又一次指出塗寫不合規距等等，這就使觀衆產生一種錯覺，以為這種「非眼視覺功能」真的對形狀、尺寸等有什麼特殊要求。

表演者還可以辨識數字。黑板前的觀衆寫了個「5」，表演者馬上認出來了，觀衆又分別寫了「8」、「四」、「九」、「3」，表演者也一一辨認正確。表演者說這是因為大家配合，自己的「功能狀態」好的緣故，否則數字是不容易辨識正確的。

其實，辨識數字和辨識顏色用的是同一「程序」，只把「紅橙黃綠青藍紫白無」，改為「1234567890」就可以了。

同理，這個「程序」還可以辨識「金屬元素」，因為有個「金屬活動順序表」，其順序是「鉀、鈉、鈣、鎂、鋁、鋅、鐵、錫、鉛、氫、銅、汞、銀、鉑、金」。

總之，這個「程序」可以辨識任何被編入順序的內容。譬如中國元帥的名字；當今最著名的運動員的名字；常見的治感冒的藥物；北京最有名的大醫院；肉眼可見的最有名的星座；中國最著名的山峰；中國氣功大師的名字……

只要觀衆不超出表演者指定的範圍，表演者一定會「猜」到。中國十大元帥，不就十個人嘛，排上順序，觀衆寫哪一個，表演者都可以「猜」出來。

若超出了「十」的數字怎麼辦？

這是很容易解決的。從理論上說，人的手勢和體勢語言所含的信息量是無限的，一個輕微的變化，就可以代表一個新的信息。

比方說，上邊介紹過的十種手勢體勢，在不作任何改動情況下，只要台下同伙咬一下嘴唇，即可表示「進位」，1234567890則分別代表11，12，13，14，15，16，17，18，19，20。知道了這個竅門，表演者可以盡情發揮。

一般在表演中，20個信息單元足夠了。因為看特異功能表演，都有一種觀念，認為這要「耗氣」，不容易。所以，表演者都要做出很吃力的樣子，以博取人們的同情與尊敬。表現得太輕易了，反倒遭人懷疑。

尤拉·蓋勒的「理論」是：魔術師每次成功，我輕常不成功，所以我不是魔術而是特異功能。這位以色列人的小花招就是故意搞幾次不成功。這樣更迷惑觀衆。

辨識餘息

一九九〇年五月，一位來自日本的具有特異功能的表演者在北京展現了他的特異功能。功能之一是辨識殘留信息。

表演者站在一面牆下，面向牆壁，他的身後是幾十位接待他的賓朋，他們圍一大圓桌而站立，桌上擺滿了各種菜肴和餐具。表演者讓一位觀衆像他一樣雙手伸開，手心向牆壁，人貼在牆上，伏面於牆。然後問，這種姿勢能否看到屋子裡面的東西？觀衆答曰：「不能。」

爾後，表演者又來到大圓桌前，比比劃劃嘰哩呱啦說了一些什麼，一位漂亮的日籍女譯員道：「他讓來賓當中某一位先生或女士隨便用手點一下桌上的菜或其他餐具，而他伏在牆上不看，一會兒便可知道這位先生或者女士點的是什麼。」

在一片嚴肅而又神秘的氣氛中，這位白髮蒼蒼的老人用手指了一下桌上的一個小盤子（手並沒有接觸）。這時候，那位表演者正貼在牆上，伏面於牆，一動也不動。有細心者，盯住表演者，企圖發現他手中或眼的正前方小鏡子一類可以反光的東西，結果一無所獲。這位表演者的確是老老實實趴在牆上，沒有任何小動作，也不可能看到桌前長者的手指點了什麼。

「好了，可以了」。有人說道。

表演者應聲離開牆，回到桌前。他的目光掃視桌上東西，像是在仔細搜索。然後，伸出右手沿大圓桌邊走邊用手在桌上各種盤碗之上試探，給人的印象是，他是用手感在探測，如同某些練氣功的人給人用手感探病一樣。

大約過了半分鐘，他的手在一個盤子上突然停了下來，右手在這個盤上動來動去，嘴角也像是不由自主抽動了幾下。片刻，他的頭做了個小小的轉動，似乎是放棄了這個判斷，又沿著圓桌邊走了起來。

這回，他手掌探到了那個大家目光剛才盯住的那個小盤上，他毫不遲疑地用食指戳住道

：「就是這個盤子。」不待女譯員把這句話譯完，大家已搞懂了他的意思，不由自主地鼓起掌來。

這位日本人真的表演了特異功能麼？這種表演能證實特異功能嗎？他猜中了長者手指點過的盤子靠的究竟是正常感知能力還是超常、異常感知能力？

在回答這個問題之前，先講一個故事。

筆者認識一位魔術演員，他表示不相信什麼特異功能。原因是他見過的和聽說的特異功能現象，都可以用魔術的辦法重複出來。對於日本人表演的特異功能，他沒有發表肯定或否定的意見，而是為我表演了一個「特異功能」。

他拿了七、八個不透明的水杯，一一扣在我面前的桌上。又從腰上摘下一串鑰匙，用右手中指朝鑰匙上一指，說是發了點氣，然後把這串鑰匙扣在一個杯下。

「您看見了，凡是我用的鐵的、金屬類的東西，你給他挪個地方，我通過手掌探測就可以找出來，我們可以試一試。」他對著我說。

「我放東西時，您在哪？」

「我出去，這您放心，偷看就沒意思了。」他答。

我將鑰匙放入其中一個杯子，朝屋外喊：「好了，請進吧！」他進屋來，用右手在八個杯子上過了一遍，立刻就挑出這個扣著鑰匙的杯子。我注意到，他的眼睛根本沒盯著杯子看。

「再試一次！」我說。「行。」他答應後，又出去了。

我將鑰匙放入其中一個杯子，又將其中兩個杯子下面塞入紙團兒。他又猜對了。

「能告訴我秘密在哪嗎？」

「告訴您也沒什麼意思，您會哈哈大笑，原來是個小孩玩的把戲！」

小時候，小伙伴打撲克，誰抓到大王，就摸摸鼻子，誰抓到小王，就拽一下耳朵，不用說話，同伴就知道了。莫非是這種辦法？八個杯子，只要用八個動作代表１２３４５６７８，就可以任意確定其一。此時，表演者只要掃一眼配合者的動作就可以了。

精通了這個「小孩的把戲。」對那個日本人的把戲便已看透三分。

大家知道，排成一條線的已確定的點中任何一個，可以用１２３……ｎ的單序列來表示，那麼，一個平面中任意一點就可以用兩個單序列來加以確定。打個比方，到電影院去看電影，我們怎麼知道自己位置在什麼地方呢？因為電影票上印著多少排，多少號，排是個單序列，號也是個單序列。這個在座標軸上，看得就更直觀。在第二象限中，Ｘ軸的２，與Ｙ軸的３，就可以確定一點，假定這一點為Ａ，那麼就有Ａ（２，３）。

同理，只要在吃飯現場，有兩個同伙人用特定的動作表示橫軸上的數字與豎軸上的數字，這個桌子任意一點的位置就被確定了。這個比摸大王，摸小王複雜不了多少，中小學生也可以做得來。

圖21　德國魔術大師卡拉納格表演意念移物

鎖住的預言

這是一套與特異功能十分相似，非常巧妙的心理魔術。德國著名魔術家卡拉納格曾於一九五八年一月廿四日這天，預言過哪個球隊將取勝以及比分情況。他的預言被鎖在一個鐵盒子裡，鑰匙交給一名公證人保管，事先不許任何人去打開。比賽結束後，鐵盒子在新聞記者的閃光燈照耀下打開了。預言當然是絕對正確的。從此，卡拉納格成了聞名全球的魔術家。

奧秘說穿了十分簡單別緻，這是一個鎖了幾道的鐵盒子，裡面藏著預言紙條，有一個十分巧妙的機關把所謂的預言隱蔽起來，或者在放紙條時把紙條偷走。

鐵盒裡的預言則是開封時才裝進去的，秘密在於開鎖的鑰匙上，表演者當着觀衆伸進鑰匙細管裡塞着一張捲成卷的紙條，這樣便掉進鐵盒子裡，表演者根據當天新聞報導，在這張紙條上寫上了比賽的真實結果。打開盒子，取出紙條，紙條上的所謂「預言」自然和比賽結果不差分毫。

千里眼

千里眼的神話在中國流傳了數千年，在國外也流行著形形色色的千里眼魔術。這裡介紹的「遙視」術，既可以在舞台上表演，也可以在廳堂四面圍觀下表演。魔術師信心十足地說：「女士們，先生們，今天我們來試驗一種新的遙視奇術，只要有集中意念的環境，我便可以看到遙遠地方你們想知道的情況。」

他拿出一疊白色卡片，展開成扇形，請十餘名觀衆從中各抽一張後說：「親愛的觀衆們，請你們把你們任何一位熟人的電話號碼寫在紙條上，然後把它捲成小卷，放在盤子裡。」

拿到紙卡的人們顯得很興奮，照魔術師的要求把紙卷捲的嚴嚴實實地放回盤中，魔術師凝視著外觀相同的小紙卷，似乎在選擇遙視的對象。他眼神突然一亮，昂頭注視遠方說：「我看見了，那是一位穿紅毛衣的金髮女郎，她正在看電視，嘴中抽著××牌的香烟……這是哪位先生的朋友呢？我們一起來給他打個電話，看我說的對不對？」

魔術師請觀衆代表從盤子中選了一個紙卷展開，按照紙片上的電話號碼，由觀衆代表撥通電話，問對方的相貌、穿著、活動，竟與魔術師剛才描繪的一樣，證明魔術師遙視能見度極高，與特異功能極端相似。

這個表演的秘密所在呢？

原來，受話人和表演者是同謀者，事先約好、記好魔術師遙視的目標，比如衣服、褲子、鞋襪、頭飾的形狀顏色，書籍、玩具等的名稱、數量、頁碼等。在通電話時不講別的，只是根據對方的問話，回答與魔術師相約的答案，便可演得令局外人信服。

這套節目的關鍵，在於不露聲色地強制觀衆選中魔術師事先約好的助手的電話號碼，如何強制呢？很容易，在觀衆中有一個內線人物，最後由這位暗地裡的助演來選紙條，他在挑紙卷的時候，實際上是把自己携帶的，寫著遙視對象電話號碼的小紙卷，混進盤子中去，然後再用兩個手指頭，淸淸楚楚的把它拿起來展開，遍示衆人之後，對著擴音器給對方打電話，回話的聲音在場的人都能聽見，效果就會很好。

如果沒有內線助手在場，必須由魔術師親自去收回紙卷，把它放在手絹裡，或夾層布袋裡，在布袋或手絹裡把紙卷換成自己預備的之後，再請觀衆挑選，那麼觀衆無論拿起哪個紙卷，都寫的是演者事先約定好的那位同謀者的電話號碼。任何一名觀衆選摸紙卷，都會取得預期效果。

巧對數術

表演者請兩位觀眾上台來合作表演一套讀心術。他拿出一本拍紙簿和兩枝鉛筆說：「我們來做一個遊戲。」指著兩位觀眾中的一位說：「你是我們的公證人，請你檢查一下筆和紙有無特殊結構。」觀眾認為筆和紙都是普通的。演者搬過一把椅子請這位觀眾坐在舞台中央，拉過另一位觀眾說現在要看我們兩個能不能同心協力心往一處想，勁往一處使了，紙和筆都分給你一半，我們如果心往一塊，想寫出來的字肯定會是一樣的，他邊說邊把這位觀眾領到舞台的右邊站定說：

「你在這邊，我在那邊，只要公證人一拍手，咱倆心往一處想寫個數字試試好嗎？寫好了請把簿子交給公證人，讓他來檢查我們的心靈是否相通。你寫1、3、5、7或是2、5、8，3、6、9都行。我相信我們是會想到一塊去的。」

演者又走到公證人身邊說：「我們站定了你就發命令吧。」演者走到舞台左邊站定，與兩位觀眾形成三角對立，公證人看見兩邊都準備好了便說：「開始！」觀眾代表與演者都開始寫，演者似乎邊寫邊思考，終於雙方都停筆了，公證人宣讀觀眾代表所寫數字，演者同時也亮出自己寫的數碼，與觀眾所寫的完全一致。

這個節目的秘密在於製作一件小小的道具，表演者在演出之前從舊鉛筆中取出一小段鉛芯把它嵌在指甲縫裡，再用透明膠紙在拇指尖部纏繞一兩圈，使鉛芯固定。表演時演者拿著鉛筆與觀衆同時寫數字時純屬佯裝表演，一個數也未往紙上寫，等觀衆把寫好的數碼交給公證人宣布時，表演者用拇指上的鉛筆芯迅速地記下觀衆的數字，隨及舉起說「你看我的」，他交給公證人的數字與觀衆的數字當然會完全一樣。

神猜姓名

表演者坐在觀衆面前的小桌旁，手中拿著一疊小紙片和一枝筆，讓觀衆向他報名，他按次序把觀衆的姓名一一記錄下來，每個紙片上寫上一個名字，並將這些紙片對摺、再對摺，這樣誰也看不見紙片上寫的名字了。他把這些紙片混起來放在一個盤子裡，請觀衆從中挑選一張，捏在手心，又請另外一位觀衆，劃根火柴把其他的紙片點燃燒掉。演者說：

「我今天表演的是一種新的猜測術，剛才我寫了諸位的尊姓大名，在衆多的紙片中，這位先生任意挑選了一個，現在我要憑自己的意念把它猜出來，請先生把紙片捏得緊一點，舉得高一點，不要動。」

演者微閉雙目，作運氣狀良久，最後報出了一個名字，並請捏住紙片的觀衆打開紙片，上面正是演者報出的姓名。在場的觀眾無不驚異。

表面看，表演者似有特異功能，其實作成這套魔術的方法十分簡單，全在於表演。表演者在讓每位觀眾報姓名時，邊問邊在紙條上寫，問得很認真。如一位南方口音的人說姓王，他必得問是三橫王還是草頭黃，並一筆一畫地寫在紙片上，連問了十幾個人，問一個寫一個。隨後把紙條疊好。看他寫得如此認真，觀眾不會想到在寫名字上會有什麼手腳，其實竅門就在寫名字上。

原來演者不管有多少位自願報名者，他寫的名字都是第一位觀眾所報的名字。因此不管他寫了多少紙條，你只能選中他要你選中的那位觀眾的姓名。當你從一把紙條中挑出一個之後，演者及時把別的紙條燒掉，內行管這一招叫「明走托」，使觀眾無法核對。觀眾選中的那張紙條，他又讓觀眾捏緊，自己再加上一套入靜、運氣、意念思考的表演，把觀眾引入通心術、透視眼的表演氛圍，以取得神奇效果。

這個表演成功的關鍵在於聽與寫、問與寫在同一時間內互不干擾，寫名字時不要躲躲閃閃、掩掩蓋蓋，以免引起觀眾懷疑。視聽、書寫分開，同時還要記住你選中人的名字，應該說也是一種功夫，但不是一般所說的意念。

這種猜測術一般在同一現場只演一次，如必須重複演出，你應改用別的方法，或者挑選第二、第三位報名者，作為你猜測的目標，而不能每次都猜第一位報名者。還有一種辦法是在觀衆中安插一位助手，內行人叫它「媒子」，那麼表演時不管有多少人報名，你在每張紙條上都只寫助手的名字，「媒子」可以在中間或末尾報名，你猜出的名字不是前三名，即是有這方面常識的人，也會覺得稀奇。

精神測定學

表演者在觀衆席散發五個白色的空信封，每人按要求放一件隨身攜帶的小東西到信封裡，再把信封封起來。一位自告奮勇的觀衆將五個信封收集起來，把它們打亂後送交到舞台上。表演者把五個裝有小物品的信封裝進一只透明的玻璃杯裡，並向觀衆解釋，他馬上要進行一個「精神測定學」的試驗。就是說當他拿起某個人的某一件東西時，頭腦裡就會映現出這個人的形象，即使東西被封起來也不要緊。為了證實這種說法的可靠性，表演者隨手從杯子裡抽出一個信封，雙手端平貼到自己的額頭上。不一會兒，他宣布這個信封是屬於一位年輕女士的。表演者撕開信封，將裡面的東西握在掌中。表演者走下台來，似乎在一種無形力量的牽引下，一直走到那位驚奇不已的女子跟前，把東西交還給她。後面的四位信封也像這樣一個個打開，裡面的東西都準確無誤地回到了幾位觀衆的手中。

這個表演的秘訣在哪裡？說穿了很簡單。

找五個帶封口膠的大信封，在每一個信封封口的這一面用鉛筆在一個角上點一標記，如果第一個信封上的標記是點在左上角的話，那麼第二個就點在左下角，按反時針方向將四個信封都點上標記，第五個信封不要點（圖22）。注意：標記要點得輕，不能讓觀衆察覺。點好以後，把五個信封按標記走向的順序疊好，未點記號的信封放到最後面。這樣，每個信封就代表了一位觀衆，標明了他們在觀衆席的大致位置。

然後，按下列程序一步一步進行操作。

(1)把排列好的信封拿在手中，走到觀衆席。從左邊開始向右邊繞過去，按信封上標記指示的方位，分五個不同點把信封分發到五位觀衆手中。要盡可能記住這五位觀衆的外形特徵。

(2)回到舞台上，請這五位觀衆每人找一件隨身帶的小東西放到信封裡封好。再請一位觀衆把五個信封收集起來，盡可能打亂後交回。

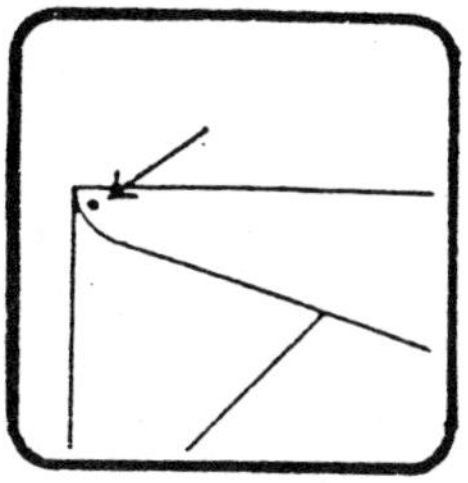

圖22

(3)把五個信封扔進一只透明杯子裡，說一番「精神測定學的理論」之後，從杯子裡取出一個信封，看清信封上鉛筆的標記，便可立即知道這是某一個方位哪位觀衆的東西了。

(4)把信封貼到額頭上，慢慢地開始宣布裡面的東西是屬於某位先生或是女士的。可以這樣說：「我從信封裡感覺到一陣強烈的顫動，不錯，這件東西一定是屬於一位三十歲上下年紀的男子的。」

(5)說完撕開信封，把裡面的東西倒在手上，扔掉空信封後，用手握住觀衆的小東西。稍定神後，開始描述這位男子的大略形象。

(6)同時走下台去，似乎手中的東西牽著你一樣，徑直走向那位觀衆，準確無誤地把東西交還給他。

(7)其他幾個信封也照以上過程處理。滿場觀衆會為此興奮不已。

預測顏色

表演者向大家展示八塊色彩鮮艷的小紙板，然後把它們扔到桌子上。觀衆都能看清楚，每一塊小紙板的顏色都不相同。表演者聲稱自己有預知未來事物的能力，他把某個預示寫在一張紙條上，摺疊起來後交到一位觀衆手中握住。這時，另一位觀衆把桌子上的小紙板集中起來，包在表演者的一條手帕裡面。接著，讓另一位觀衆伸手到手帕裡摸出一塊小紙板來。表演者叫第一位觀衆把手中的紙條打開，上面明白地寫著第二位觀衆摸出的某一塊小紙板的顏色，大家再看第二位觀衆手中的紙板，果然不錯，完全應驗了表演者的預測！

這個表演的製作也很簡單。

從一張硬紙板上切下八塊三公分見方的小方塊，塗上紅、藍、黃、綠、橙、紫、黑、白八種易於辨認的顏色。再切下同樣大小的另外八塊小紙板，全部塗成一種顏色，比如是紅色。取兩條花色、尺寸完全一樣的、較大較厚的手帕，疊齊在一起後，按圖23所示虛線縫合到一起。因為手帕右上方的¼部分沒有縫合，就形成了一個可以打開的夾層。這條特製的手帕有五個角，你在可以打開的A、B兩角上釘上一點搭鏈（即帶紋刺的布，一捏就粘攏，一扯就分開。）這個夾角就隨時可以扣上（圖24）。

將八塊紅色的小紙板放進夾角中，扣上AB角。將手帕放進上衣左胸前內口袋裡，AB角朝上，便於直接抓到它扯出口袋，夾角內的紙板也不會掉出來（圖25）。

再將八塊顏色各異的小紙板和一本筆記本、一枝鉛筆擱到桌上，你就萬事俱備了。

可按下列程序進行操作。

(1)請觀眾注意你手上的小紙板的各種顏色，然後把它們放

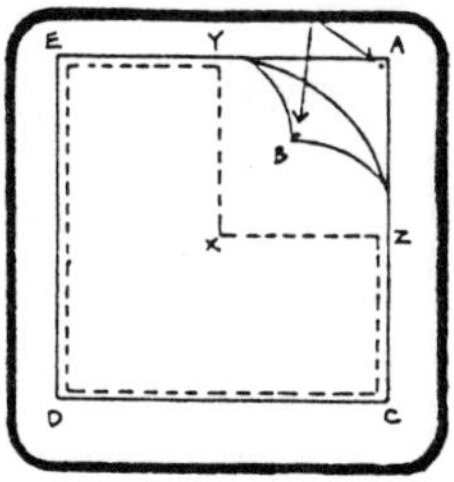

圖23

圖24

到桌上。拾起鉛筆和本子，不讓觀衆看到你在寫什麽，快速寫下你預測觀衆將要挑選的顏色——「紅色」幾個字。撕下這頁紙摺疊起來，交給一位觀衆抓在手中。

⑵右手伸進上衣內口袋裡，抓住手帕的ＡＢ角扯出來，讓觀衆看看兩面沒有任何東西，然後將手帕的四個角提起來，形成一個袋子的形狀。

⑶你的右手提著手帕，左手將Ｄ角打開，請另一位觀衆拾起桌上的八塊小紙板扔進手帕做成的臨時口袋裡（注意：不要把小紙板扔到ＡＢ角裡了，如圖24）。

⑷抖一抖手帕，好像是在打亂裡面的小紙板，左手秘密地打開ＡＢ角上的搭鏈，將Ａ角拉開，請第二位觀衆把手伸進手帕裡隨便摸出一塊「任何顏色」的小紙板來。你知道，這個夾角裡只有一種顏色的小紙板，所以無論他掏出哪一塊，都只能是紅色的（注意：打開ＡＢ角的搭鏈時手腳要俐落，不能露痕跡。另外，觀衆抓小紙板時，千萬只能讓他抓出一塊來，如圖26）。

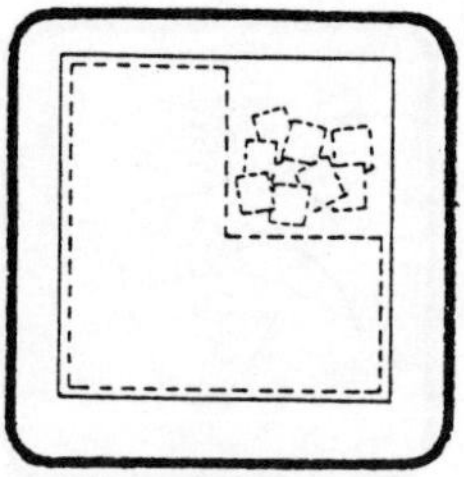

圖25

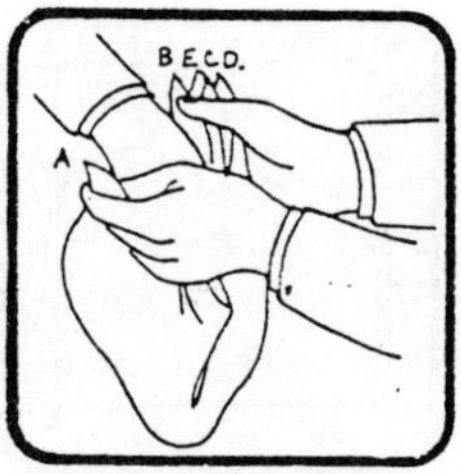

圖26

⑸觀衆掏出一塊小紙板後，你立即把手帕連同裡面包著的小紙板一起放進口袋裡去。

⑹先請第一位觀衆打開手中的紙條，向大家宣讀上面寫著的顏色，事實證明，你的先見之明是驚人的。

這個表演的成功因素很大部分在於使用那條帶「彩」的手帕時自然而熟練，以避免觀衆的疑心。最好先用一條花色相同的普通手帕表演其他的節目，完了放進口袋裡去。當你再從口袋裡拿出這條特製的手帕時，觀衆就會以為還是剛才那一條平常的手帕。另外你最好再準備八塊其他統一顏色的小紙板，當你在其他場合為同一觀衆再度表演這個節目時，就不至於老是只能預測同一種顏色了。

預測數字

表演者拿著一疊白紙，在上面分別寫上1至8的數字。他請觀衆看淸楚這八張紙片上寫著的不同數字以後，將紙片逐一摺叠起來，裝進臨時用一條手帕窩成的口袋裡。接著，表演者在另一張白紙上寫了一個「預測數字」，照樣摺叠起來，交到一位觀衆手裡抓緊，誰也不許看。現在，表演者請另一位觀衆從手帕裡的八張紙片中隨意摸出一張來，作為他挑選的一個數字。表演者隨後打開手帕，讓觀衆看裡面只剩下了七張紙片。現在，兩位觀衆可以打開他們各自手中的紙片了。出人意料的結果是：第一位觀衆發現表演者預先寫下的數字和第二位觀衆挑選出來的數字完全一樣，這真是太神了！

這個表演和前面介紹的「預測顏色」的表演方法基本一樣，但有著兩方面的優越性。其一，無須準備特別的小紙板，除了特製的手帕外，只要有紙和筆便可隨時表演。其二，最後手帕可以打開，觀衆可以看到裡面的確只剩下七塊紙片，不至於產生疑心。演出前，在八張白紙片上寫上同一個數字，比如「5」，摺疊起來後，像前一個節目一樣，放進特製手帕的AB角夾層內。把手帕插進上衣口袋裡即可。

操作程序十分簡單。

(1)你向觀衆展示一疊乾淨的小張白紙，當衆在上面分別寫上1至8幾個數字。每寫好一張就把它對摺兩次，放到桌子上（注意：現在使用的紙片和它們的摺法應和手帕裡已經藏好的紙片完全一樣）。

(2)從口袋裡拿出手帕，交待兩面以後，在手上提成袋狀，請觀衆把桌上的紙片拾起來放進手帕裡面（圖27）。

(3)向觀衆說明，你要請他把手伸進手帕裡任意掏出一張紙片來，上面寫著的數字就是他任意挑選的數。你邊說邊做示範動作，把手伸進手帕裡（而不是夾層裡）取出一張紙片。你解釋完他應該怎樣抓出這張紙片後，便將它放回手帕裡。然而，就在這時候，當你的手一伸

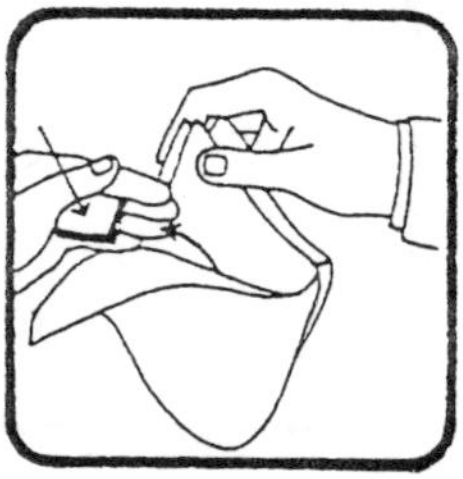

圖28

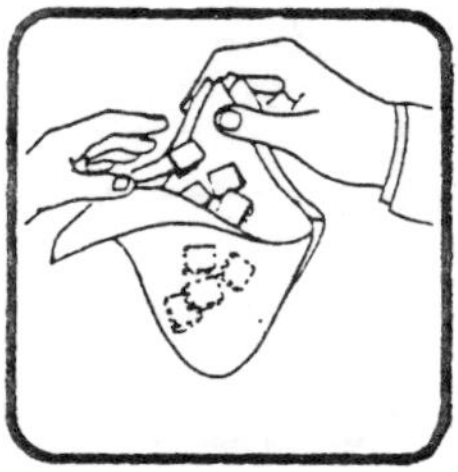

圖27

進手帕，立即把紙片夾到食指和中指之間藏起來，再抽出手來時，觀衆便認為紙片已經扔進手帕裡了（注意：這個秘密動作十分容易完成，因為觀衆在這時候絕不會想到有什麼問題出現（圖28）。

(4)把藏著紙片的手伸進上衣口袋裡，扔下紙片並立即拿出一枝鉛筆。你雙眼盯住那位觀衆，好像在分析他未來行動的「預兆」，然後在一張白紙上寫下你「預測的結果」即一個「5」字。把紙片摺疊起來交給另一位觀衆抓在手中。

(5)現在請第一位觀衆將手伸進手帕裡摸出一張紙片來。你打開手帕的AB角，讓他拿出任何一張你早就準備好的寫上了「5」字的紙片來。

(6)緊接著閉上AB角，兩隻手打開手帕，故意讓中間的七張紙片掉到桌子上，立即將手帕連同夾層內的紙片一起塞進上衣口袋裡（圖29）。

(7)從桌上從容地拾起紙片，邊拾邊數，向觀衆說明一共還剩下七張紙片，把它們也放進口袋（注意：勿打開這些摺疊的

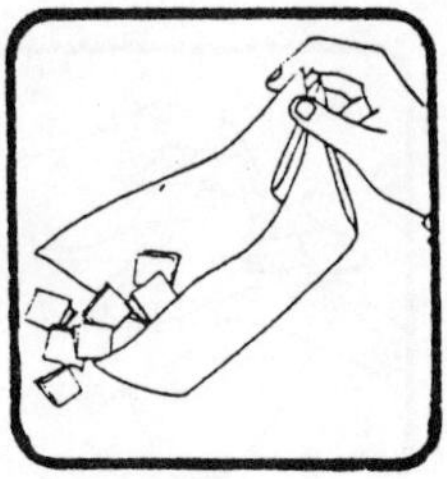

圖29

圖30

紙片）。

(8)請第二位觀衆打開手上的紙片，向大家宣讀上面的預測數字。然後強調一下第一位觀衆剛才作了任意選擇，請他也打開手上的紙片讀一讀上面的數字。兩者如此不謀而合，全場觀衆無不為之愕然（圖30）。

心心相印

表演者請兩位觀衆一起來表演心靈感應奇術。表演者拿出一副紙牌和一枝彩色水筆，交代清楚之後交給左邊的觀衆，叫他把雙手背到身後，在任何一張牌的牌面畫上一個×。接著，又讓右邊的觀衆也以同樣的方式，在這同一副牌中隨便哪張牌的背面畫一個×。兩人畫好以後，表演者把整副牌交還給左邊的觀衆，讓他把自己在牌面畫上×的那一張找出來，用兩隻手掌夾住。然後，再請右邊的觀衆也找出他在牌背畫上×的那張牌來。可是，這位觀衆怎麽也找不到，那張牌好像消失了。這時，表演者叫左邊的觀衆把合在掌心的牌拿出來翻開看看，原來右邊的觀衆竟把×畫在這同一張牌的牌背上了。這種巧合，真是不可思議！

秘訣何在呢？

這個表演的奧秘是如此簡單而奏效，觀衆使用的那枝筆是根本畫不出道來的。其實只要準備一枝適當的筆就行了。最好使用彩色水筆，將筆帽摘掉，過一、兩天裡面的墨水就揮發乾淨了。或者是用鉛筆也可以，把筆尖蘸上一點清漆，等它乾了就可以使用。另外，用完油的原子筆也行。不過後兩種筆都不如彩色水筆那樣鮮明、醒目。

表演之前，從一副牌裡隨便拿出一張，用與你的道具相同的筆在正反兩面各畫上一個×，再把它混進整副牌裡去。

注意：兩個×不要畫得太工整，應該像是雙手背到身後畫的那樣。

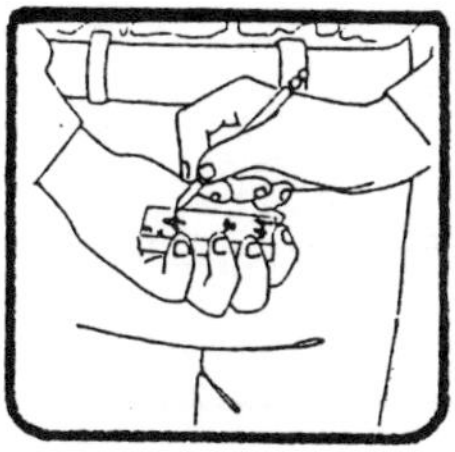

圖31

(1)兩位觀衆上台以後，你將牌遞給左邊這一位，告訴他雙手背到身後，從整副牌裡隨便抽出一張，放到這副牌面朝上的牌上。這時把筆遞給他，請他在最上面那張牌上畫一個×（圖31）。然後，把筆要過來，叫他在身後把牌洗亂。

(2)接過他手中的牌，牌面朝下遞給右邊這位觀衆，請他也按上述要求，抽出某張牌來，在上面（背面）畫上一個×，再把牌

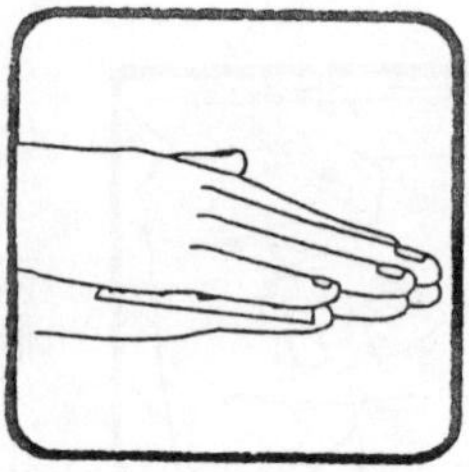

圖33

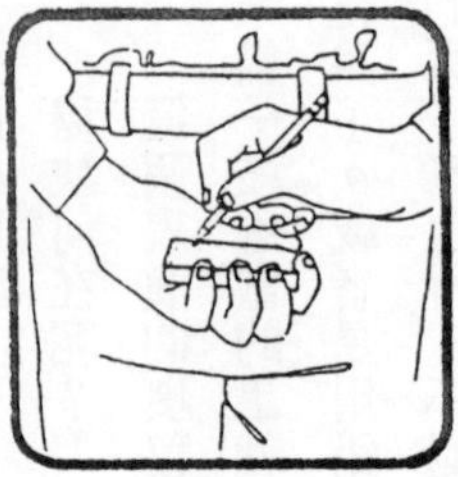

圖32

洗亂交給你（圖32）。

(3)你把筆放開，將這副牌牌面朝上交給左邊這位觀衆，請他找出他在牌面畫上×的那一張牌來。然後，叫他將這張牌牌面向上合在雙手掌中。這樣，誰也看不到這張牌牌背上早已畫好的×了（圖33）。

(4)再把剩下的牌遞給右邊的那位觀衆，請他找出他在牌背畫上×的那一張來。當然，他是不可能找到的。

(5)這位觀衆找來找去，還是一無所獲。現在，你叫左邊的觀衆把手中的牌拿出來兩面看一看。原來，他們把×畫在同一張牌上了！此時，你可以強調一下，這是心靈感應的結果。

未卜先知

表演者手執一個封好的信封和一本新出版的著名雜誌，他向觀衆說明，他在一張卡片上寫好了一個單詞，並把卡片封在這個信封裡了。說完就將裝有卡片的信封交給一位觀衆舉在手上。表演者邀請另一位觀衆登台，協助他進行一次預測未來的試驗。表演者將那本雜誌交給這位觀衆，同時遞給他一支鉛筆或是彩色水筆，請他在這本雜誌的任何一頁上挑選出一個詞來。為了不影響他的任意選擇，表演者請他把雙手背到身後，隨意翻開雜誌，用鉛筆在那一頁畫上一個大×，這個×的交叉點落在什麼詞匯上，也就是觀衆選定的詞。

觀衆按表演者的要求做了，表演者接著請第一位觀衆把手中的信封打開，向大家宣布卡片上預先寫好的單詞。表演者然後請觀衆翻開雜誌，找到他畫上×的那一頁。使人們目瞪口呆的是，觀衆畫的×的交叉點標明的單詞與表演者事先寫好並封在信封裡的竟是同一個詞，絕無差異！

讓我們來揭秘。

找一本近期出版的雜誌，隨意翻開，在右邊一頁上用鉛筆或彩色水筆畫一個×，使它的交叉點落到某一個詞匯上面，假設這個詞是「新聞」，它也就是將要「預測」的詞匯（圖34）。注意：畫×之前，演者應把手背到身後試一試，看看這樣畫出來的×應該是什麼樣子，然後再照樣畫出一個來。×的交叉點不要正好位於選定的單詞的中心，可以歪斜一點，這樣就顯得更加自然。然後把這個單詞寫在一張卡片上，裝進一個信封裡封好。最後還要準備一枝畫不出道的筆（筆的製作可參

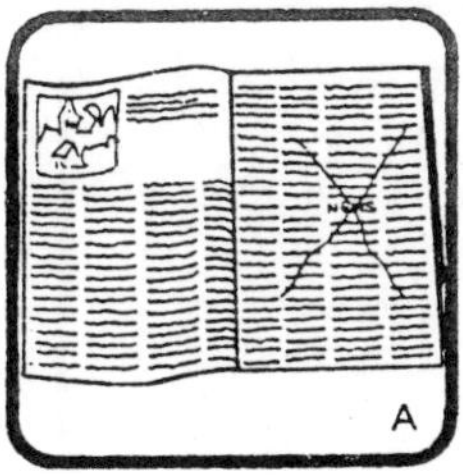

圖34

見「心心相印」一節）。

⑴向觀衆展示封好的信封，說明裡面的一張卡片上已經寫好了一個單詞，把它交給一位觀衆抓在手中。拿起雜誌，請另一位觀衆上台來，告訴他如何把雜誌背到身後，隨便翻開以後，將左邊的書頁摺轉過去，用鉛筆在右邊一頁上信手畫一個×。注意：不要直接說左邊或右邊的書頁，只要向他示範一下，他就肯定會在右邊一頁上畫×的。

圖35

⑵當確信觀衆已經明白怎麼做的時候，才把鉛筆交給他，叫他雙手背到身後，不讓任何人看見，在雜誌的右頁上畫一個×。因為他拿的那枝筆是畫不出來的，所以雜誌上並未留下他畫×的痕跡（圖35）。

⑶請他在身後合上雜誌，然後連同鉛筆一起交還給演者，立即將鉛筆放回口袋裡。這樣，如果有必要的話，你待會兒就可以從口袋裡拿出另一枝相同的正常的筆來讓觀衆檢查了。

⑷請大家注意拿著信封的那位觀衆，演者強調，在第二位觀衆畫×之前信封就封好了。請觀衆撕開信封，向大家宣布卡片上寫著的單詞——「新聞」。

⑸把雜誌交到第二位觀衆手中，請他翻到「他畫好×的那一頁」，找出畫道交叉點標明的那個詞來，並向全場宣讀。這個詞居然也是「新聞」，看來，演者對未來事物真是有未卜

先知的本領！

隔夜猜牌

傳統魔術中有隔夜修書，使觀者敬之如神。這裡我們介紹的隔夜猜牌，亦有異曲同工之妙。

表演者拿出一副牌，展開交代，52張俱全，並請觀衆任意選出一張簽上自己的名字。表演者從衣服兜裡掏出一個錢夾，對衆人說：「昨晚我也選過一張牌，就在這個錢夾裡。」翻開錢夾，裡面果然有一張背朝上的牌，上面還有表演者早已簽上的名字，把它取出來，與觀衆簽過名的牌一對，怪了，花色、點數竟然完全一樣。

這個表演確實要在頭天晚上就準備好必要的道具。一個男式錢夾，如果一時找不到，可以用小筆記本、通訊錄本代替，但必須是面積上大於普通紙牌才行。一枝簽字筆和七•八公分長的透明膠條，如果沒有，可備膠水少許。再準備兩副相同的紙牌。

表演之前，首先從兩副牌中選出兩張相同花色、點數的牌來。在其中一張牌的背上簽上自己的名字，等墨跡乾後，放入錢夾左邊的透明口袋中（如圖36—1）。

把錢夾合上，在錢夾背面粘上一個透明膠圈，即是把透明膠條的膠面朝外彎成圈狀，把接口的一面粘在錢夾上（如圖36—2）。這樣膠圈一面粘在錢夾上，另一面還可以粘住別的東西。這就做成這套魔術的竅門。

表演前，把這個錢夾細心地放在上衣兜裡，粘有膠條的一面朝後（如圖36—3），為了避免膠條粘在衣服上，可以在靠近膠條的一面、放上一張膠片，或金屬名片夾。

再把挑出來的另一張同花牌，放在準備讓觀衆選牌的那副牌的最上面（如圖36—4）。表演前可以把這副牌放在右衣兜裡。準備讓觀衆簽名的筆，也放在這個衣袋裡。

可按下列程序進行：

表演者從右衣兜裡掏出一副牌，展開牌面交代，並無什麼固定排列或藏掖夾帶，收攏再把牌背展給大家看，每張牌都是一個摸樣，毫無可疑之處。他請一位觀衆在展開的牌中指定一張牌，為了便於說清楚，暫且稱此牌為「Z」（如圖36—5）。

表演者就從「Z」牌處，把牌分開（如圖36—6），表演者說：「這是你選中的牌了」，同時，把這張牌推到早已準備好的牌面上（如圖36—7），這是至關重要的一步。

隨後把整副牌整理整齊，交到左手（如圖36—8），空出右手到衣服兜裡掏出錢夾（如圖36—9），順手把它放在牌疊上（如圖36—10），立即又把右手伸到右衣袋裡去掏簽字筆。同時左手暗暗使勁，讓錢夾上的膠圈粘住牌疊最上面那張牌，即是觀衆指定的「Z」牌（如圖36—11）。

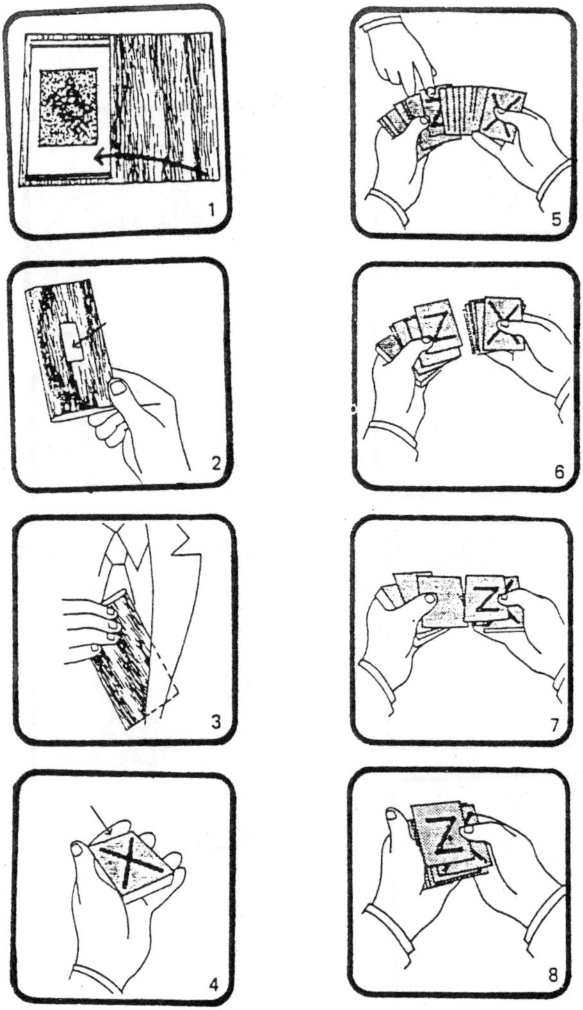

圖36

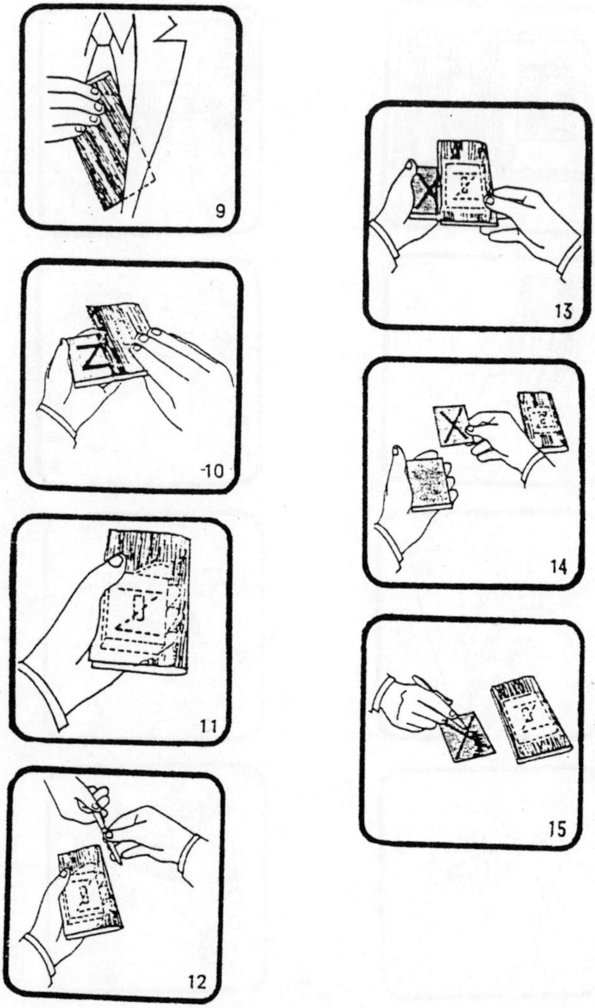

圖36

表演者一手拿著筆，一手拿著牌和錢夾，對觀眾說：「剛才你選了一張牌，到底是什麼牌，我也不清楚，請你做個記號吧，簽個名好嗎？」隨手把筆遞給觀眾（如圖36—12）。

接著把錢夾轉到右手，這時再露出來的頂牌，便是表演者早就準備好的那張同花牌了（如圖36—13）。

演者坦然地把它抽出來，請觀眾簽名，此時將錢夾放在觀眾不大注意的地方，關鍵是不能讓觀眾看見錢夾的反面，或把觀眾認為是自己選中的牌放到錢夾上，請觀眾簽名（如圖36—14、15）。

簽完名後，讓觀眾把牌背朝上撲在桌上，或者拿著，自己翻開錢夾說：「我昨晚心血來潮，也選了一張牌。」說著將錢夾中的牌取出來，有趣的是上面也有個簽字，不過是表演者自己的簽名。

表演者說：「你選什麼牌，事先和我商量過嗎？」

觀眾自然回答：「沒有。」

表演者說：「我選牌時倒是考慮了你的愛好，不信你看看。」

表演者把自己的牌交給簽名的觀眾，把兩張牌翻過來，人們大吃一驚，兩張牌的花色、點數一模一樣。在眾人驚異之餘，表演者將那個幫了大忙的錢夾不聲不響地放回右衣兜裡。至此表演就會顯得天衣無縫了。

誰的運氣好

舞台中央的桌子上有一只硬紙板架子，表演者請觀眾看清楚上面擱著的五個封好的信封。他向大家聲明，這些信封中有一個裡面放著一張鈔票，其他幾個裡面各裝著一張白紙。魔術師先後請四位觀眾來試一試自己的運氣，讓他們每人隨意挑一個信封打開，如果誰挑的信封裡裝的是鈔票，就作為禮物送給他。

四位觀眾隨心所欲地每人挑了一個信封，但裡面裝的都是白紙，而表演者打開架子上剩下的最後一個信封時，裡面正好是那張嶄新的鈔票，看來還是他的運氣最好！

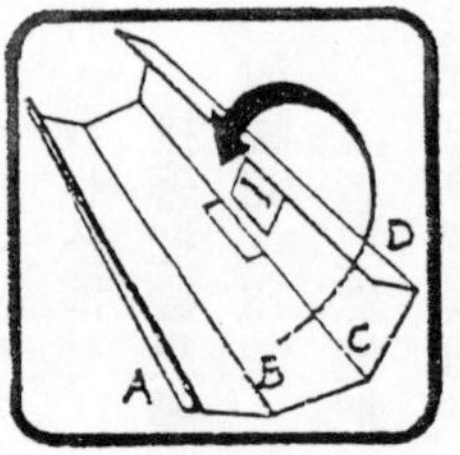

圖37

這個節目的全部秘密就在那個紙板架子上。用一塊約30×40公分見方的硬紙板，按圖37所示摺出四條直線，沿線C的中央部分剪開一個6公分長的口子，在線C和D之間貼上一個小紙口袋。如果將一張

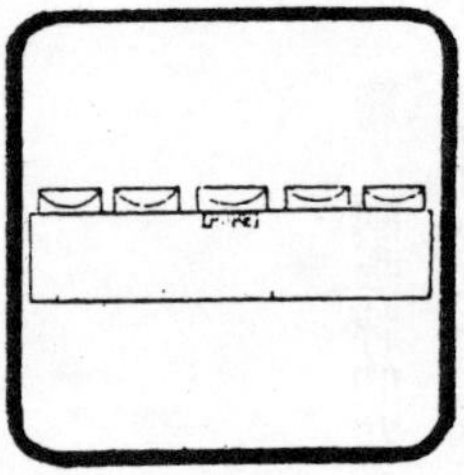

圖39

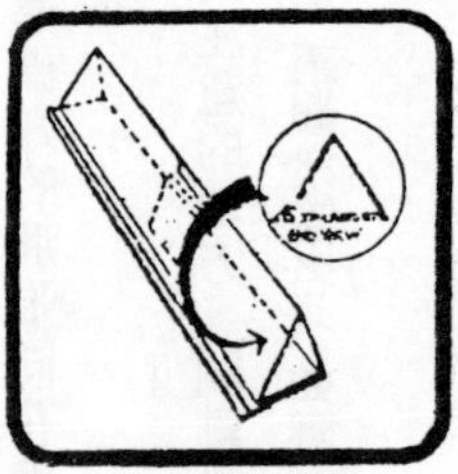

圖38

紙巾摺起來插進紙袋裡，紙巾的一端應正好伸出架子中部的口子，隨手可以拿到，但又不高出紙架，觀眾從另一面看不到它就可以了（圖37）。將紙板按摺線過來，用膠水粘起連接部分，就形成了一個三角形的信封架子（圖38）。然後你在五個普通的信封裡各裝進一張與紙巾大小相同的白紙，封好信封，把它們直立起來擺到紙架上去。紙架背面開的口子裡插一張摺好的紙巾。開幕之前將紙架放到舞台中央的桌子上，一切就妥當了（從背面看如圖39）。

(1)請觀眾注意紙架上的五個信封，從左至右標上五個序數號碼。向他們說明有一個信封裡裝進了一張鈔票，請四位觀眾各挑一個信封，剩下的一個歸自己。如果誰挑的信封裡裝著鈔票，就可以得到這份禮物。接著，請一位觀眾在自己的座位上隨便報出一個信封的號碼（圖40）。

(2)假設他報的是「2」，表演者便拿起第二個信封，鄭重其事地把它撕開，小心地取出裡面的白紙，向他表示遺憾。

圖40

(3)再請另外三位觀眾挨個兒挑出一個信封來，表演者按以上方法打開信封，顯然他們是不可能有更好的運氣的。假設他們挑走了「一、三、五」三個信封，那麼架子上就只剩下第四號信封了。

(4)表演者一邊對觀眾說明這挑剩的最後一個信封就歸自己，一邊拿起這個信封拍一拍，然後把它放到架子中央，正好位於背後秘密口子的前面。

(5)再非常認真地伸過右手去取信封，手指在信封後面按住紙架口子裡伸出一截的紙巾，將它和信封捏在一起拿起來〔注意：現在不要轉動信封，否則會暴露後面的紙巾（圖41）〕。

(6)把信封連同紙巾轉到左手中，右手撕開信封口，食指和中指伸進信封內，作掏出裡面的東西的動作，拇指按住後面的紙巾隨著信封口移動。其實，信封中的白紙留在裡面未動，捏住紙巾抽離信封，觀衆從前面看，以為紙巾是從信封口裡掏出來的。表演者得意地展開這張鈔票（圖42）。

預感奇術

表演者可就現實將要舉行的重大活動寫一條預言，封在一個信封裡，交給公證人保管，或者將這個信封放在玻璃箱中，懸掛在交通要道上空或著名建築物頂上，總之放在表演者無法接近的地方，信封因此無法調換，啟封也必須當著觀衆和公證人的面進行。

圖42

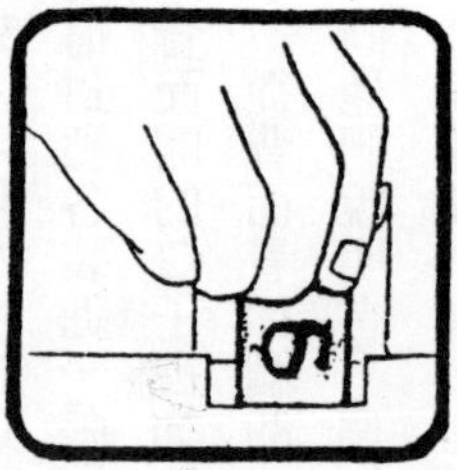

圖41

表演者能使預言與結果絲絲入扣，它的秘密仍然是在結果出來之後才把它寫在預言卡紙上，關鍵是創造出把後寫的預言傳送到信封中的辦法。

下面這種方法就相當巧妙。表演者把寫好的預言裝在一個小信封裡，難題是要把這個小信封神不知鬼不覺地送入封好的大信封。常規看來這是不可能的，然而對於表演者來說，正是他發揮創造力的地方。他用了三個信封來完成倒包之計，三個信封都用厚紙製作，一個比普通信封大一圈，一個比普通信封小一半，一個與普通信封一樣大，還要準備一個盤子和一條桌布或毛巾。一只透明玻璃箱或透明盒子。

表演程序：第一步是當衆交待卡紙信封，隨後佯裝書寫預言，將它裝進小信封，密封後裝入中信封，這是個假動作，實際是讓小信封從中信封的後面滑進桌子或衣袋裡。再把封死的中號信封裝進大信封，封死之後裝進玻璃箱之中，加上封條懸掛起來。大家以為玻璃中裝的是三層密封為一體的預言，其實最小的信封及所謂預言根本沒有裝進玻璃箱而留在演者手中備用。

等到預測之事有了結果，演者將正確答案趕快寫在與預言紙片相似的紙片上，裝進小信封裡封好。把這個小信封放在桌布下面，或者托盤裡，上面蓋上一條毛巾帶到表演現場。

第二步是當衆把懸掛著的玻璃箱放下來，放在桌子上，將玻璃箱上的封條啟開，拿出大封信，當場剪開，取出中信封，把它交給觀衆檢查之後隨意放在桌上或盤子裡，其實是要放在隱藏著小信封的桌布或毛巾上面，其位置應該正好能嚴密地蓋住整個小信封。演者雙手將大信封撐開交待，表示大信封沒有機關破綻，其實是分散人們注意力，使多數人的目光集中到大信封上，而不去注意中號信封，當演者再次拿起中信封時，把藏在桌布（或毛巾）下的小信封一併抽出來，隱藏在中信封的後面，然後把中信封剪開，佯作從中信封中取小信封的動作，其實是從中信封的後面把小信封抽出來，然後慎重地交給觀衆代表，請他把小信封剪開，從中抽出預測紙片，宣讀預言。

這個設計相當巧妙，在觀衆看來，表演者在關鍵時刻沒有做任何小動作，甚至許多動作是由觀衆親自參加的，根本不可能有作假的條件。

這種表象常常使人以為演者具有特異功能。

三種試驗

曾經有位特異功能表演者，以能猜出現場觀衆兜裡有多少錢，而名聲大振，其實是馬克威爾遜魔術教程中介紹的一套比較新穎的猜測術，外國魔術師演這類節目時，多自稱為心理學家，做心理遊戲。表演者邀請三位觀衆一起進行三種有趣的特異功能試驗。

首先，表演者準確地指出了第一位觀衆口袋裡帶著的零錢的數目。

在第二個試驗中，表演者接受到一位觀眾頭腦裡發出的訊號，在觀眾拿起桌上的幾件小物品中的一件以前，表演者心目中便出現了這個東西的清晰現象。

最後表演者正確地預告了第三位觀眾將要挑選的三個圖案中的一個。

三種試驗的結果證實了表演者有著洞察未知事物的超凡能力，令所有觀眾為之嘆服！

複雜的猜測奇術的竅門在哪裡呢？順著下面的程序試一遍就明白了。

⑴邀請三位觀眾同表演者一起進行三種不同的試驗，每人作一種。先請他們從房間裡隨便找幾件小物品放到一位觀眾前面的桌子上，比如他們找來了一個烟灰缸、一只別針、一枝鋼筆和一盒火柴吧（圖43—1）。

⑵表演者拿出隨身帶的一個小筆記本和一枝鉛筆，從本子上撕下三張空白紙，分別畫下一個正方形、一個圓形和一個三角形，並按這個排列順序放到另一位觀眾跟前的桌子上（圖43—2）。

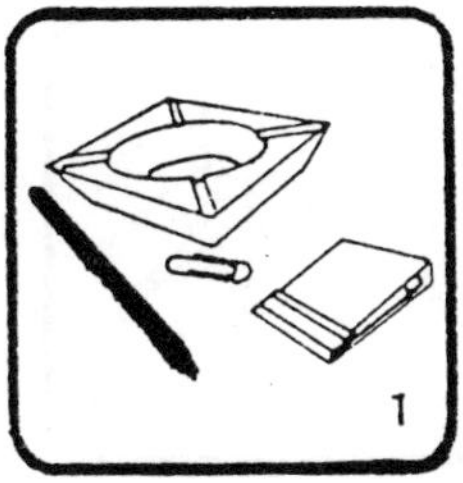

圖43-1

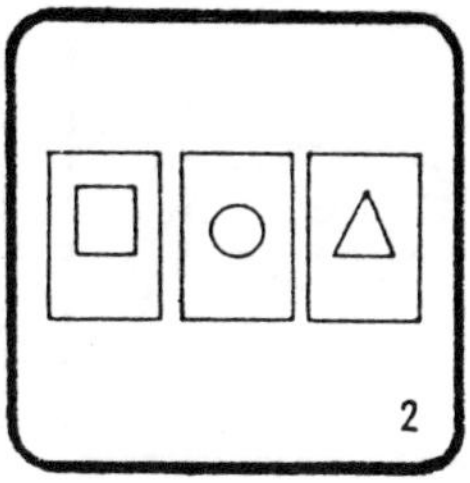

圖43-2

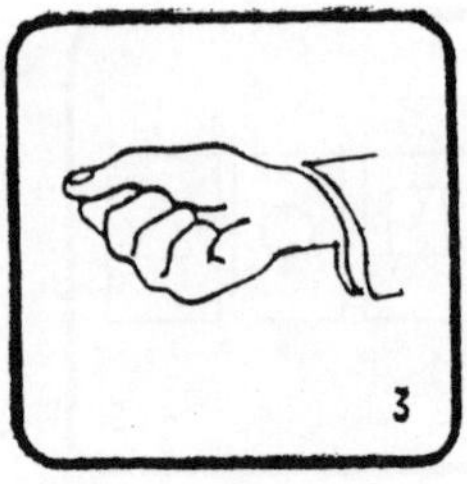

圖43-3

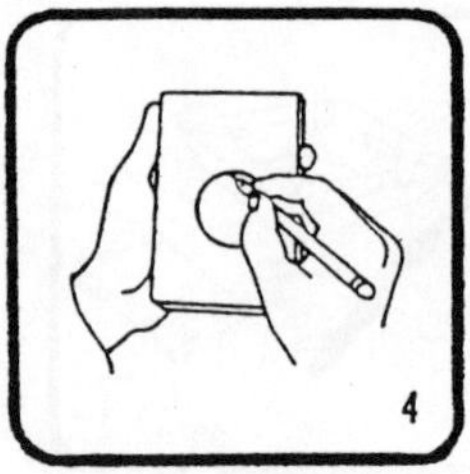

圖43-4

(3)請第三位觀衆把手伸到口袋或錢包裡掏出一把零錢，不要數它便握緊在手中，把手伸到桌面上（圖43—3）。

(4)現在實際上已經開始試驗了。向大家說明，第一個試驗叫「透視法」，就是說表演者可以看到任何藏起來的東西。

(5)表演者拿起小筆記本和鉛筆來，對手中握著錢的觀衆說：「我可以透過你的手看到你手裡有多少錢，現在我就把它的數目寫下來。」顯然，表演者不可能寫出錢的數目，因為現在並沒弄清楚。表演者在本子上畫上一個圓圈。注意：本子要拿高一點，不讓任何人看見在寫什麽（圖43—4）。

(6)撕下畫圓圈的這一頁紙來，對摺兩次，對觀衆說這就是試驗A，表演者要在這張紙上面標上一個字母A。而實際上在上面寫上一個字母C（注意：絕不能讓觀衆看到你寫的字母。然後把這張紙條扔進一只紙盒子或是一只不透明的茶杯裡蓋起來，誰也不要動）。

(7)接著，請那位觀衆把手中的錢放到桌上，數給大家看，比如是五角六分吧。

⑻表演者轉向第二位觀眾，對他說：「我們現在來進行一種『傳心術』的試驗。也就是說，我有一種能力，可以接受你頭腦裡映現的物體的形象。現在就請你在桌上擺著的幾樣東西中看準一樣，把思想集中在上面，但不要告訴我是哪一樣。等我把接受到的形象寫在紙上後，你再拿起自己想的那樣東西。」

⑼表演者做出若有所思的樣子，打開小本子寫起來。表演者當然不會知道他心裡想的是什麼東西，而是把剛才第一位觀眾手上的錢數——五角六分，寫在紙上。寫完以後，同樣把這一頁撕下來對摺兩次後告訴觀眾，這就是試驗B，也要標上順序。實際上，表演者在這張紙上寫上了一個字母A，再將它扔進紙盒裡蓋起來。

⑽現在，表演者可以請第二位觀眾把他想的東西拿到手中，假設他拿的是那盒火柴吧。

⑾表演者再轉向第三位觀眾，向他解釋要同他進行一次「先知法」的試驗。就是說，在他決定做一件事情之前，你就能夠預知事情的結果。

⑿注視一下第三位觀眾，然後提筆在本子上寫起來，這一次表演者寫的是先頭一位觀眾拿起的東西——一盒火柴。寫完後撕下來對摺以後告訴觀眾這是試驗C，也要編上順序。而你在上面寫上字母B後，立即放進紙盒中去。

⒀現在三個試驗的結果都寫在紙上了，其中的兩個——錢數和火柴盒萬無一失，而最開始表演者在紙條上畫的圓圈卻是表演者自己選定的，所以你必須用巧妙的辦法，引導第三位

觀衆在三個圖案中選定這張圓圈。

⒁告訴第三位觀衆，請他指一下三個圖案中的任何一個。現在可能會出現以下幾種情況：

⒂第一種情況：如果他指的是中間那張圓形，那麽情況很簡單，表演者只要把兩邊兩張撿起來撕掉，同時對觀衆說：「既然你挑了這一張圓形圖，其它兩張就沒有什麽用了。」

⒃第二種情況：如果他指的是其它兩張中的任何一張，比如是一張三角形吧，表演者馬上把它拿起來撕掉。可以對觀衆說：「我把這一張撕掉，現在還剩下了兩張，請你從中間隨意拿出一張來。」

⒄如果他拿的是那張圓圈，你就拾起桌上的那張正方形撕碎，並且說：「好的，這張圓形就是你挑定的圖案了。那麽這張正方形也沒有什麽用了。」

⒅如果他拿的是一張正方形，表演者立即從他手中接過來，一邊對他說：「很好，這一張我們也撕掉，現在剩下桌上的一張圓形了」，一邊將正方形撕掉。這樣，無論觀衆怎樣指圖案，表演者最終總是讓他選擇了那一張圓圈。他一定會對自己的選擇十分滿意，絕不會意識到是表演者在「強性地」引導他做了這個抉擇。

⒆現在，表演者把紙盒中的三張紙條倒出來，請觀衆根據上面標的字母找出三個試驗的答案來。事實證明，你預先指出的三個試驗的結果都是準確無誤的。

神猜乒乓

表演者手上要著六個色彩鮮艷的乒乓球，兩個白的、兩個紅的和兩個藍的。他將六個球扔進一個紙袋裡裝著，邀請兩位觀衆上台來協助表演。由站在左邊的一位觀衆首先從裡面隨便抓出一個乒乓球來，站在右邊的一位觀衆也以同樣的方法從紙袋裡抓出一個。有趣的是，不論第一位觀衆抓出的是什麽顏色的球，第二位觀衆立即能抓出相同顏色的另一個來。他們將球放回紙袋再試一次，還是屢試不錯。

這個表演的全部秘密只是對左邊的一位觀衆而言的，因為除他以外，所有的觀衆都知道他們使用的那個紙袋的一邊是開著窗口的，透過窗口誰都能看見紙袋裡裝著的乒乓球，用牛皮紙做一個像普通雜誌大小、有一定厚度的口袋，在紙袋一面的下方開一個窗口，再糊上一層玻璃紙，就能看到袋子裡的小球了。準備六個乒乓球，每一對塗上一種不同的顏色，一共是三種顏色。有了這些簡單的道具，就足夠你表演了。

(1)邀請兩位觀衆登台協助表演，站到你的左右兩側，面朝觀衆。你向觀衆交待六個乒乓球，請大家注意它們分為三對，每對有一種不同顏色。然後拿起疊平的紙袋大略展開一下，說明這是一個普通的空紙袋。接著，你將紙袋開著窗口的一面朝向觀衆，打開袋口，將六個乒乓球扔進袋內，觀衆立刻就會明白這個紙袋是有「機關」的，他們將饒有興味地看你如何

圖44-1

圖44-2

往下表演（注意：不能讓左邊的一位觀衆看到紙袋上的窗口（圖44—1）。

(2)對左邊這位觀衆說，請他不要往口袋裡瞧，伸手進去隨意摸出一個球來，然後抓在手中，不讓任何人知道這個球的顏色。注意：這時口袋上開窗口的一面應該朝向你的身體。

(3)等他摸出一個球來後，你把身體轉向右邊，請另一位觀衆「使勁集中自己的意念」，然後伸手到袋子裡，看能不能摸出與剛才那個球顏色成對的另一個球來。你邊說邊把紙袋開著窗口的一面舉到他跟前，他馬上就會領會你的意思，從紙袋裡的五個球中抓出那只顏色不成對的球來（圖44—2）。

(4)當第二位觀衆摸出球後，你請兩位觀衆同時將兩個球舉在手中，讓所有的觀衆看看顏色對不對。因為右邊的觀衆剛才抓出的是那個單個的球，所以無疑他們兩人正好是拿著顏色相同的一對球。

(5)請他們把球放回紙袋裡，再重新試一次。結果是每試必靈，左邊的這位觀衆一定會更加感到莫名其妙。他臉上的幽默表情將使所有觀衆樂不可支。

第三章

意念控制與搬運法

意念在超功能修煉者心目中，有著重要位置。《超功能修煉法》前言中談到氣功的靈魂就是意念。意念產生的力是衡量功夫深淺的一個標誌。《莊子•逍遙遊》曰：「乘天地之正，而御六氣之辨，以游無窮者」實際上只有在意念中才能做到。意念可以超越時空，自由出入天地宇宙，特異功能中的遙感、遙視、預測、通靈都是這種「念力」所至。

意念到底是主觀的、唯心的想像，還是能產生物質的力，這不是我們研究的對象。我們只是把目前社會上流行的意念移物、意念至動、意念碎物、意念移瘡、意念手術、意念變味、意念彎曲金屬等現象與魔術技巧相對照，發現這些特異現象多數是使用了傳統魔術中的搬運法、障眼法所致。

下面我們來剖析幾個當今最有影響的意念魔術，便可悟出其中之奧妙。

抖藥片與名片復原

一位性格十分外向，表現慾望比較強烈的時髦老太太，忽然對氣功與特異功能感起興趣來了。她是經朋友介紹與我相識的。我曾為她朋友的朋友診過病，據她說比醫院診得還準。大約是我這位朋友過於能「侃」了，把我吹得神乎其神，那日我等一進屋，老太太竟然雙手合十，長拜不起，稱我為「大師」，「功莫大焉，與佛同輝」。

入座，上茶點。虔誠而又不乏精明的老太太單刀直入：「大師，抖藥片的功能是上乘功法還是小法術，屬旁門左道？」我趕忙說道：「可別叫我大師，我沒功夫。抖藥片談不上上乘功夫，也不屬旁門左道。」

「您謙虛，謙為德之本，德高功才深。您打門一進，我就看見一片橙黃色的光打了進來，大師，您現在頭上就有紫光，這種代表氣功最高境界的光不是德高功深的大能者是修不來的。」老太太邊說邊瞇起眼來看著我。

朋友眨眼向我示意，意思是讓我順著老太太說。可是我覺得沒意思。便反問了一句：「您見過抖藥片的是什麼樣的，能說給我聽聽嗎？」

「行啊。」老太太眉飛色舞地講了起來——

我第一次看見抖藥片是在西安一個什麼賓館，當我趕到表演現場時，人家已經快結束了，前邊的特異功能表演全沒看到。人很多，我擠進去，見只有一個十七、八歲的姑娘坐在屋中央的沙發上，正盯視著桌前的小藥瓶，我還沒搞清怎麼回事，有人喊：出來了，出來了！人往前一擁，我什麼也沒看見。

事後，我找到那個有特異功能小姑娘，希望她能為我單獨表演，可是孩子家長堅持說太晚了，孩子明天還要趕回去考試，我也不好強求，只好作罷。不過，那個小姑娘給我留下了十分深刻的印象，我當時試了試她的氣，氣感強極了，我的氣根本打不進去。所以，我雖然沒看清，但是，我絕對相信抖藥片這種特異功能。

第二次是在香港，我坐前邊。這回可看清楚啦。

藥片都是大家自帶的，有人還在藥瓶上寫了名字。大家把各自帶的藥瓶送到前邊小桌子上，一共有十來瓶。

這位先生與一般氣功師不一樣，他先運氣，再抱球、採氣，然後進入功態。發好了功，氣功師坐下，像是又發功那樣打量著這些瓶子，然後從中選了一瓶，放在左手中。他又用右手指在藥瓶上扣、抓、撓，看樣子十分吃力。突然，有人喊了一聲「抖出來了」，「一片、二片……三片……五片……」有人數著，一共抖出來五片。氣功師滿頭大汗。我注意到他抖的時候，兩手握在一起，使勁往下抖，振動速度很快。

後來，又抖下來一片。

我自告奮勇上前檢查藥瓶，另外三個人做我的助手。旋開瓶蓋兒，發現裡邊的軟木塞蠟封一點沒有動的跡象，我把這個結果報給大家，博得滿堂喝彩。我用一把錐子啟開蠟封的木塞，藥片上邊的一團軟紙仍躺在裡邊，我挑出軟紙團給衆人看，大家又鼓了一次掌。

為避開氣功師，我們三人到另外一張桌子上把藥片倒出來數，每人數一遍，瓶裡剩下的藥片是九十四粒，與抖出來的六粒相加，正好是「一〇〇片裝」。

那天晚上氣功師高興，又增加了一個「名片復原」的表演。

氣功師在室中央發好功以後，向人們索取名片。氣功師接過一個燙金邊的名片，先放在手裡捂了一下，然後就摺起來。摺到不能再摺了，遞給身邊一位先生，要他嚼碎這個名片，這位大漢使勁地嚼了起來。

只一會兒，氣功師說：「停」。大漢將紙漿吐到了氣功師的手上，氣功師兩手開始搓，像是用意念重新拼接名片。忽然，氣功師的手停下了，他指著嚼紙漿的先生嘴說：「這裡還有一點，你再試試」。大家盯著大漢的嘴，一個人上前幫忙，在一顆蛀牙的縫裡果然又挖出點紙漿樣東西。氣功師把這點紙漿放進手心，繼續搓了起來。

「好了」。隨著氣功師話音，一張恢復如初的名片已擎在氣功師的手中。因為我離得近，看得真切，上面一點拼接的痕跡也沒有。跟剛才被嚼碎的名片比，這張名片只是有點潮濕，這是我從氣功師手中接過名片時的感覺。

遞名片的人接過名片，戴上老花眼鏡看了又看，過了一分鐘才慢吞吞地說：「沒錯，正是我那張名片啦！我在名片後邊用鋼筆點了三個圓點，這個位置只有我知道，做偽是不可能的，魔術也變不出來，先生真乃神人也！」

我耐心地等待老太太說完，準備禮貌地告辭。我的朋友卻堅持讓我表演點什麼再走。老太太一聽說我會表演這類特異功能，更熱情地挽留，無奈，我只好遵命。

我問老太太可有藥瓶，她從小包裡翻出了「速效救心丸」小寶葫蘆和半瓶維生素E。

朋友說：「這已經開啟了，不行，我下去買一瓶來。」說完，人就下樓了。

一小時後，一瓶藥買來了，是維生素C。朋友請老太太先檢查一遍，然後交給我：「老師給露一手吧！」

拗不過，我將計就計，按老太太剛才介紹的抖藥片的過程表演起來。從藥瓶裡給她「抖」出九片，又將一片「抖」到她的上衣口袋裡。然後請老太太打開藥瓶，讓她看到瓶口封得很嚴密，蠟封也沒打開，裡外的藥片加起來正好一〇〇片。老太太大驚失色：「您連功都不用發輕而易舉就抖了出來。」

我哈哈大笑。要了她一張名片，並請她在名片上做特殊標記，然後把名片撕碎，交給朋友嚼成紙漿，頃刻間又給她「復原」了出來。老太太真的暈了，瞧她當時那架式，我讓她跳樓，也許都會毫不猶豫。

人們是多麼容易被欺騙啊！我在心裡感嘆。

我本想把謎底告訴老太太，可是朋友一見大功告成，忙說還有要事，生把我給拽了出來。

但是後來，我還是在老太太登門來訪的時候，把謎底告訴了她。

「抖藥片」是個並不複雜的魔術。

大家帶來的藥瓶多是真的，確實是沒有啟開過的新藥瓶。但是其中有一瓶是假的，被表演者及其助手在上面做了手腳：藥片已被取出若干，瓶口的蠟封是做了手腳之後又照原樣封上的。由於拿出的藥片不多，通常是五至十五片，在外邊是不容易被發現的。表演者假裝從幾個藥瓶中隨意選一個，其實，找的正是這個事先加工過的藥瓶，萬一這個瓶找不到，表演就會砸鍋。

從藥瓶裡事先取出來的藥片藏在表演者的身上，在左手攥藥瓶發功，準備把藥片「抖」出來之前，需要把藥片拿出在左手上，由於有藥瓶擋著，左手並不張開，所以不會被發現。因此，藥片是從左手心一粒粒掉出來的，可是給人的印象卻是從藥瓶裡出來的。

至於變到別人口袋裡一個，就更好辦了。藥片本來在表演者手上，裝作進別人口袋裡掏出的動作，再把藥片捏在拇指食指間讓人看見就是。

知道了這個秘密，讀者不難理解，表演者運氣、採氣、抱球、進入什麼狀態一類表演，均是為了渲染氣氛而已。

我和我的助手在給老太太重現「特異功能」時，用的也是上述方法，只不過簡化了發功一類形式。我的朋友去藥店買藥實際上是回家取了一次道具。

名片復原根本就沒有「復原」的問題。讓人嚼碎的本來就不是那張名片，而是表演者自己準備的另外一張。就在表演者接過那張做了特殊標記名片並對其「發功」的時候，名片被調包了，真名片藏在表演者身上，假名片被疊了又疊交由一名觀衆嚼碎。在表演者接過紙漿

「復原」成功的一瞬間，大家的注意力全在復原的名片上，表演者一個插兜或擦手的動作處理掉了紙漿。

名片復原，其實與魔術中常用的「碎牌還原」、「畫報、報紙還原」同理，下面我們介紹幾種新穎常用的破牌復原，其技法也很奇妙。

破牌復原

觀衆從表演者手中的一副牌裡隨意抽出一張，並在牌面簽上自己的名字。然後把這張牌撕成四塊，用手帕包住，讓觀衆抓在手中。當手帕打開時，裡面只剩下其中的一塊碎片，其餘的三塊都不翼而飛了。這時，表演者把整副牌拿在手中不斷撥動，那張觀衆簽好字的牌竟從裡面跳了出來，除了缺一個角以外，整張牌已經神奇地復原了，而且是天衣無縫，毫厘不爽！

這究竟是什麼回事呢？你按照下面的方法做一遍就明白了。

從一副牌裡隨便拿出一張，撕下印有點數的一角（約為整張牌的四分之一，這一角沒有什麼用途，可以扔掉）。將撕好的牌缺角部分朝左下方放到背朝上的整副牌的最上面（圖45），再用另一張完整的牌將它蓋住。這樣，缺角的牌就位於頂牌的第二張了。準備一條小橡皮

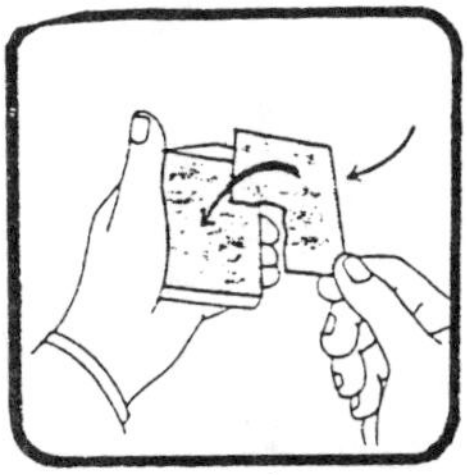

圖45

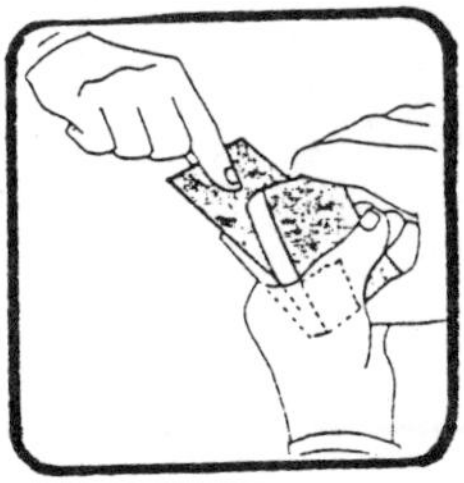

圖46

圈，放到上衣右邊口袋裡。

按照以下程序操作：

(1)把整副牌從牌盒裡拿出來，牌面朝下握在左手中，右手翻動牌的頂端，請觀衆任意抽出一張（圖46）。然後，立即把整副牌牌面向上放到桌上。

(2)進行以上動作時，先把頂牌拿出來，一邊向觀衆解釋由那人任意抽了一張牌，一邊將這張牌放到整副牌的牌面上。由於整副牌翻了個個，現在，那張早已撕好的牌就是最下面的一張了。

(3)取過觀衆抽的牌撕下一個角（注意：撕的部位應該與你事先撕的牌大致相似。如圖47。為了便於講解

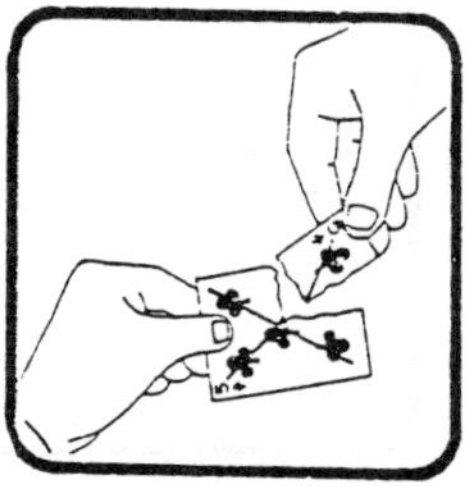

圖47

圖48

，圖中觀衆抽的牌標上了一個×）。

(4)請觀衆在大半破牌上簽上他的名字（圖48），然後，用左手把整副牌從桌上拿起來（保持牌面朝向觀衆，他就看不到早已撕好的那張現在在最下面的破牌了），再把觀衆簽好字的牌缺角部分朝右上方，墊到最下面，將牌整個翻過來放好。

(5)這時，你一面請觀衆在撕下的那一角上也簽上名字或是畫上一個標記。

(6)當他簽字畫記時，你的右手從頂牌的缺角部分把第二張早已準備好的缺角牌抽出來，鋪放在桌上。觀衆以為這是他剛剛簽過字的那一張，一時還不會引起懷疑。因為你是從缺角部分抽出下面一張牌，所以這個動作既自然又隱藏（圖49）。

圖49

(7)做以上動作時應注意牌背朝向自己的身體，不讓觀衆看見頂牌。現在雙手切一次牌，觀衆抽的牌就藏到

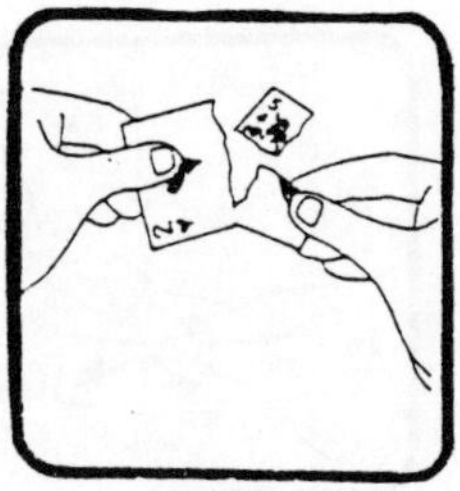

圖51

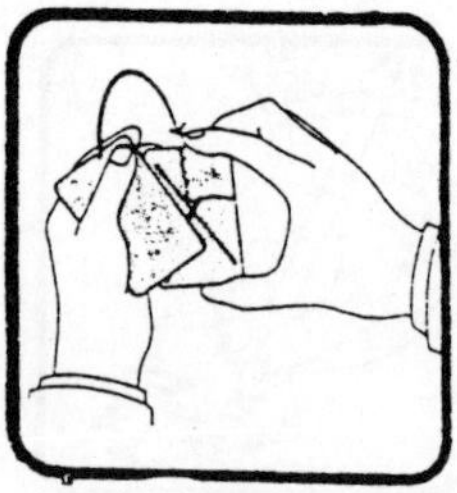

圖50

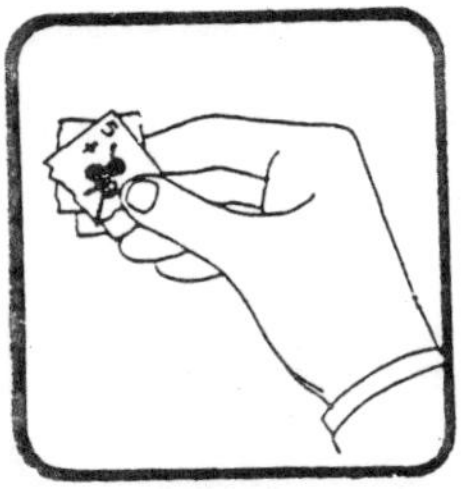

圖52

圖53

整副牌裡去了（圖50）。

⑻整副牌牌面向上放到桌上以後，拿起旁邊的大半破牌撕成三塊。注意：撕的時候牌面向裡，觀衆就看不到這是另一張根本沒有簽字的缺角牌（圖51）。

⑼拾起觀衆畫好標記的一角，疊到右手上的三塊碎片上，用指頭捏住，你可以向觀衆顯示正反兩面（圖52）。

⑽取一條普通的手帕蓋住右手，右手拇指在手帕內將第一塊碎片往上推一點兒（圖53）。

⑾左手從手帕外抓住推上來的第一塊牌角，其它三塊就落到了右手掌中。把碎片在右手指彎內藏好以後，

圖54

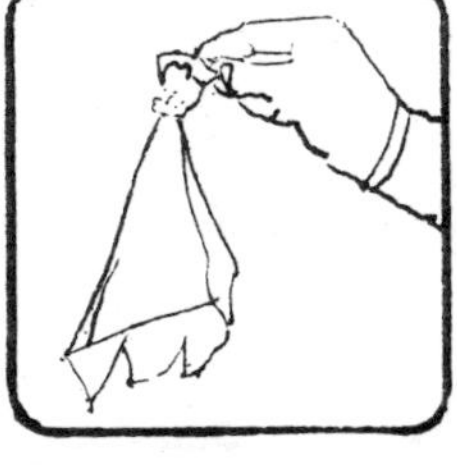

圖55

圖56

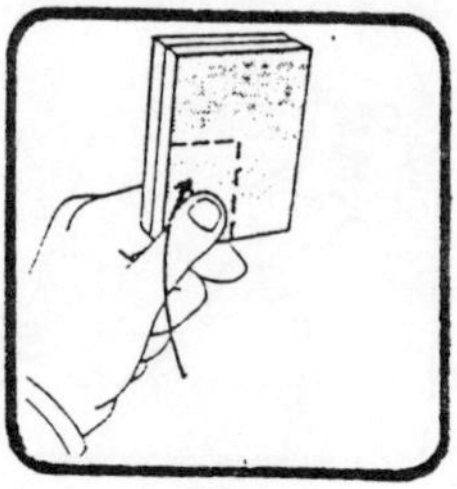

圖57

右手很快伸進上衣口袋裡（圖54）。

⑿把三塊碎片扔到口袋裡，順勢拿出一條小橡皮圈來，用它從手帕外面將包著的一塊碎片紮住。然後，把手帕交給觀眾拿著，他以為裡面還包著四塊碎片。這時，你可以聲明，你要開始變了（圖55）。

⒀說一聲：「變！」然後，請觀眾取掉橡皮圈，打開手帕，他驚奇地發現，裡面只剩下一塊碎片，其它三塊已經無影無蹤（圖56）。

⒁拿起桌上的整副牌，左手拇指和食指捏住左下角。藏在中間的那張破牌應該保持缺角朝左下方（圖57）。

⒂左手捏緊整副牌，右手食指在牌的右上角從前到後不斷撥動這副牌

圖58

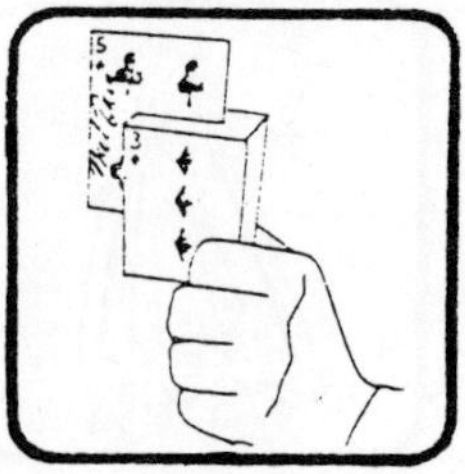

圖59

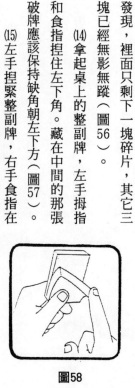

（圖58）。

⒃這個動作使夾在整副牌中的那張大半破牌慢慢被擠了出來。那位觀眾可以看到剛才撕成四塊的牌已經復原了，而且上面有他親手簽上的名字，這真是太奇怪了（圖59）。

⒄請他把手上那塊碎片與這張缺角牌拼到一起，居然正好合上，一點兒也不差（圖60）！

圖60

畫報復原

表演者走到觀眾面前，手拿一本畫報，向觀眾交待，這本畫報裝釘牢固，沒有問題。他說：「我請一位最機警的觀眾到台上來，作為我的助手，同時監督我的行動。」

一名觀眾走上舞台，表演者請這個觀眾想出一個數字，並用這個數字指定一頁畫報。表演者打開畫報，找出這一頁，撕下來，把它交給這位觀眾檢查一下。隨後，接過這頁畫報，把它撕成碎片。表演者把碎片團成一個小紙球。拿起魔術棒晃一晃，朝紙球吹口氣，然後慢慢展開，這頁畫報竟然還是完整的。這是第一步。

接下來，表演者把這頁畫報重新撕碎，把碎片放到一條手帕裡，提起手帕，在畫報上面抖動，並沒有紙屑撒下來——紙屑不見了。表演者把畫報遞給這位觀衆，讓他找到那一頁，他發現，那頁畫報還在書中，而且完好無損。

這是怎麽回事呢？其實很簡單。

準備三本同樣的畫報，從其中一本上取下一個雙頁（或兩個單頁亦可），頁碼為31、32、33、34。把這篇畫報仔細裝釘在一本完整的畫報裡，再從第三本畫報裡扯下32頁，把它團成紙團，放在魔術台上一條手帕後邊備用，旁邊放上魔術棒。

準備一方「魔帕」：要帶顏色的雙層手帕，周邊縫合，在一個邊沿留下十公分的開口；或將一條手帕對摺、縫好，只在一個角上留下開口。把這樣的手帕四角提起拿在一個角上留下開口。把這樣的手帕四角提起拿在手裡時，能悄悄把一些小紙片捅到開口中。

頁碼的確定可以用以下方法：讓那些觀衆隨便說一個一位數或兩位數，讓他把這個數乘以4，然後再乘以8。這個數一般總會大於100。這時，表演者做出為難的神情，佯稱書裡沒有這麽多頁，最好把這個數字再除以他最初說的那個數。答案肯定是32，但演者要裝著不知答案的樣子說：「算算得多少？32頁，太好了。」

說著把第32頁扯下撕碎後，團成團，攥在左手裡，右手去拿魔術棒，同時把小桌上手帕後面的紙團拿起來，把碎紙團設法放下。把紙團從右手倒到左手，右手轉一下魔術棒，隨後向觀衆展開完整的書頁。把這一頁再撕碎後，放到手帕裡，要小心裝到夾層裡，抖動手帕時，碎紙就不會掉出來了。

撕報紙還原

表演者拿著一張普通的報紙，將正反兩面給大家看過，沒有任何異常。他把報紙隨意對摺起來，用手指在摺痕處向外一勒，報紙破了個小口。表演者把報紙張開，讓大家清楚地看見裂口，然後隨著裂口把報紙撕開，報紙就成了兩張。他把這兩張對摺起來，再撕就成為四塊，再撕一下成為八塊，再撕成為十六塊，厚厚的一疊，最後又撕了一遍，碎成一塊一塊的小塊了。表演者把它們一張張拿給大家看，然後把它們理齊，當再次展開時，奇怪，這些碎塊竟還原成一張大報紙。

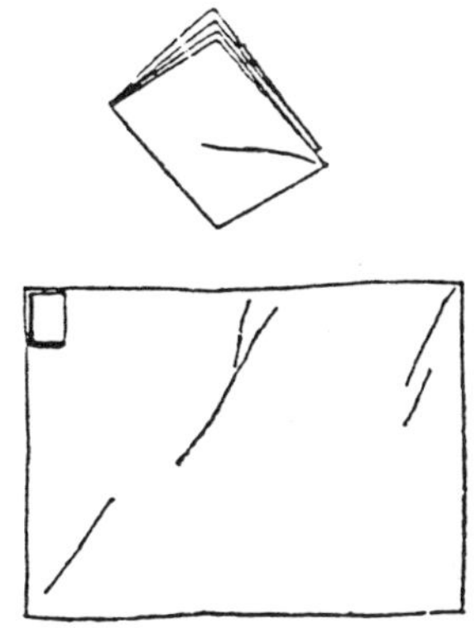

圖61

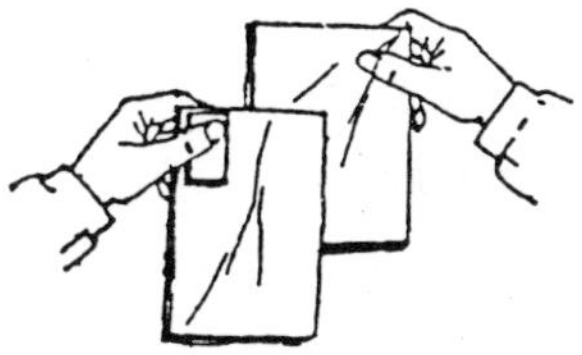

圖62

這個表演乾淨

俐落，簡直捕捉不到它在什麽地方搗過鬼。

其實，說穿了非常簡單。

找兩張同樣的報紙，把其中一張摺成一小塊，貼在另一張報紙的後面（圖61）。表演開始時，左手拿住報紙貼小塊的這個角，右手拿住另一個角（圖62）。把右手報角合到左手上，用手指在摺痕處勒破，然後展開報紙從裂口撕開（圖63）。把右手半張遞到左手半張的前頭，再把報紙對摺，再從中間勒破報紙，這樣撕起來能夠比較齊。這樣一次次撕下去，那疊成小塊的整張報紙一直是處在被斯碎的報紙的後邊，用手指捏住。直到最後撕碎的報紙塊和手裡那整張報紙疊成的小塊一樣大了，把手上的東西翻一個身，然後從整張紙塊後面拉出幾片撕碎的紙來（拉的時候手指在報紙的前面擋著，觀眾只以為你是從前面抽出來的），再把它們放回，依舊用手擋著，讓人以為你是放在前頭。這時，你可以把手裡

圖63

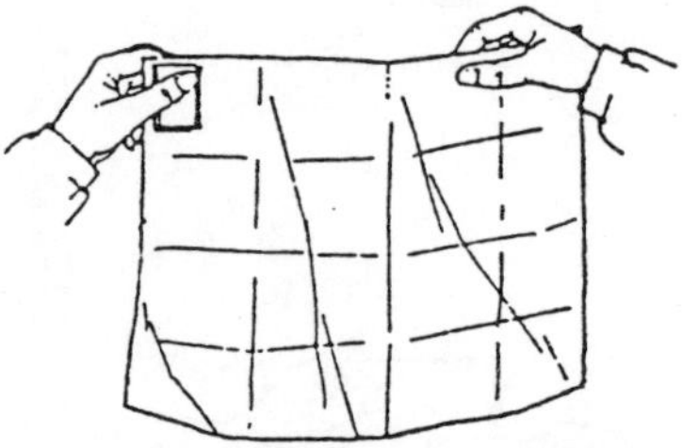

圖64

報紙給大家看，因為報紙塊和碎片大小色彩都一樣，人們總以為你舉的還是碎紙塊呢。你打開疊起來的小塊（被撕碎的紙塊被擋住），報紙就成為整的了（圖64）。

仙人栽豆

我國最典型、最神奇的意念幻術應推「仙人栽豆」，它把道家的吐納之術淋漓盡緻的表現出來。據說內功修練者要達到上乘境界，必須經由結丹的階段，丹是人從自身的元神、元氣、元精修煉而成。《周易闡真・金丹圖》曰：「天命者，先天正氣；性者，先天元神。命屬陽、性屬陰、性命相合、陰陽混一，是為金丹。」

據說丹的能量極大，能在體內運行，能千變萬化，是修煉各種高功異能的基礎。但是丹到底是什麼形狀、怎樣運動、如何吐納、如何變化呢？有形可見的便是仙人栽豆。老藝人表演此術時的開場白常常會說，仙人栽豆不是栽在泥裡地裡，而是栽在丹田。說此豆是人的精氣所至，它可以抽成絲、展成箔、結成丹，它可以隨其意念生、長、變化，它隨精氣運動，在人體不論什麼位置都可以取出來，又可以送回去，它會一生二、二生三以至無窮……。

這套節目的表演動作，每每與吐納的動作相結合，可以說是為展現吐納之術高功而設計的。正因爲如此它不同於一般球彈魔變化單一，也不同於國外長演不衰的杯與球術，僅靠雙

鬻幻彙編卷四

手法門

仙人採豆　　元和唐再豐芸洲氏著

解曰用琥珀子五粒或七粒或九粒次第置手內
忽去忽來變化多端為手法中之祖
新法用琥珀子五粒（紅色如粒子大）名為彩豆先以五豆排
列檯上將右手取起一粒放入口內（以唾消着）仍即吐在
右手中（以大食二指拈之）置於左手拳孔內（左手空握以大食二指之虛開一縫）
暗將豆捻至中無名二指之杈內即夾牢（此須一捻先一抓）
暗狀如已入左拳中而其實左手仍空即將左拳向
空中一撩則已去矣再將右手於檯上再取第二粒
放入口內着唾暗將手杈內者一並入口而吐出則
單吐一粒（留一粒在口內）仍如前法假做置左拳內却將左
拳向胸前一拍豆已無矣隨將右手向背上作摘取
狀暗將手杈內之豆捻向指尖上則來矣名曰穿心
過肚（蓋如將入而從出也）即以此豆仍如前法假做置左拳內
將拳向頂上一拍豆已無矣即將口中留存者吐出
名曰泰山壓頂（如從頂入而口出也）即以此豆雙手作劈狀隨
將右手杈所夾者並落下名曰劈剖蓮蓬（如劈為二也）一種
種變端隨人所為不能盡述或如前假做置左拳內
連手取第二粒亦然並入左拳狀而於着唾時並留
口內再取第三粒同上第四第五亦然然後放開左
拳五粒齊出（一粒在右手杈內四粒留在口內）既則如前逐粒變來隨
心所欲出奇無窮矣（故此法如能含藏丸者最妙然不藏口內而藏袖內矣）

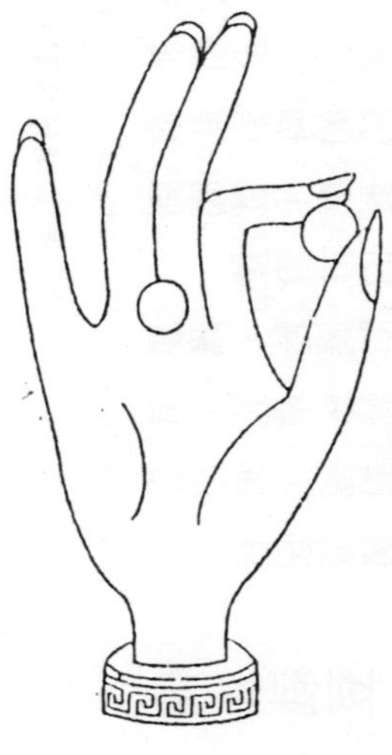

圖65　古書記載的仙人栽豆

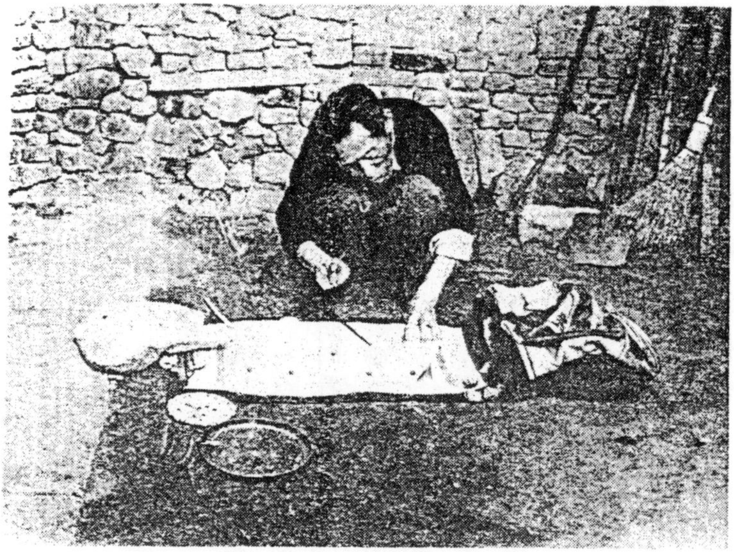

圖66　民間藝人表演仙人栽豆

手和杯子遮掩來進行變化。

仙人栽豆的主要特色是利用吐納這個特殊形式，利用口腔來隱藏替換球彈，有了這個秘密的交換所，使其雙手獲得更多的自由。因此中國的仙人栽豆比起一般的球彈魔術來，它的變化特別豐富，層次更為複雜多樣、結構更為嚴謹、技巧高難別緻，成中國手彩魔術的代表作。是古代魔術師必練的基本功，不僅要練手法；而且要練表演，做到神形兼備。歷代不少別稱仙人的魔術師，為這套魔術傾注了畢生的精力與智慧，演得出神入化真有幾分仙氣。

表演的時候，桌上只墊著一方毯子，上面佈置著幾只普通的瓷碗，另外還有幾粒比豌豆略大的圓珠子（這就是主要道具——「豆」）。表演者先拿起一粒豆來，觀衆距離表演者不過幾尺，清清楚楚看見這粒豆子是捏在他的手指尖中，然而表演者向空中一擲，豆子立刻不見了。

擲了之後，雙手還可以用各種方式來向觀衆交代，手腕、手背、手掌甚至指縫都可以讓觀衆看到，接著他用手在任何地方——例如在一只碗邊上輕輕一摘，「咯」的一聲，就摘出一粒豆子來了。叫做「一粒下種」。接下去是兩粒、三粒……不僅是數量的增減；而且表演出豆子來去無蹤、忽有忽無、分合聚散等多種多樣難以捉摸的奇妙現象。

例如用三粒豆來表演，明明看見是左右兩只碗各蓋住一粒，手裡捏著一粒，可是揭開碗來一看，三粒豆子都變到一只碗下面去了，這叫做「三星歸洞」。用五粒豆表演變化更為奇妙，在「葫蘆遁寶」這個表演中，表演者將左手握成拳頭，代表一只葫蘆，右手從桌上將豆子一粒一粒拈起，又一粒一粒放進左拳裡去，然後左拳立刻向桌上一拍，張開來看，五粒豆都不翼而飛了。接下來，在「合浦珠還」的表演中，表演者伸出手來，東摘一下，西採一下，五粒豆子又一粒一粒地變回來了。

到結束時表演者隨手抓起幾粒豆子扔在一只空碗裡，用另一只碗口對口地蓋上，立刻揭開，變出堆得高高的一滿碗豆子來，這就是「秋收萬顆子」。

其實，萬變不離其宗，豆子絕對沒有消失，只是隱藏得十分巧妙罷了。

甲　　乙　　丙　　丁

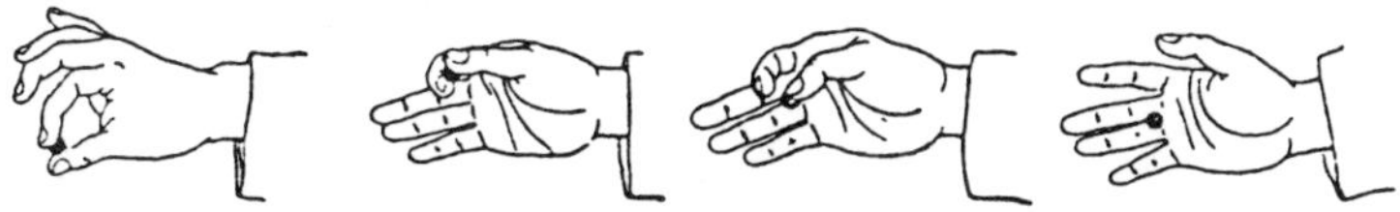

圖67

譬如「一粒下種」，這個技術有三種基本的表演方法，在此選其一種作剖析。

表演者用右手從墊巾的中心拈起一粒豆，放入口中沾點唾液，使之潮濕，隨即吐回右手，右手拇指及食指捏著豆子，放入左手拳孔，再把兩指很清楚地抽出來，並且平伸著，表示豆子已不在右手，接著左手向墊巾中央一拍，伸開手掌，彩豆卻忽然不見了。

然後左手食指在墊巾中心虛劃一下，好像那裡有什麼東西似的，右手拇指及食指就在劃的地方一拈，彩豆又立刻變回來了。

實現以上變化的方法是用右手拇指、食指尖去拈起豆子（手心向下，手背向上），中指、無名指、小指則並在一處，微微彎曲，直至把豆子交到左手拳縫上時，始終保持著這種姿勢（圖67甲）。

在交豆的過程中，右手捏豆的兩指，向著中指、無名指的指根合縫處移動（圖67乙），將到指根處時，拇指就將豆子按入指縫（圖67丙），中指、無名指馬上以指根將豆子夾牢，同時拇、食兩指恢復原來的捏豆姿勢，並繼續向左手交去（圖67丁）。

右手的拇、食兩指移到左手上時，左手要立刻握拳，讓右手指

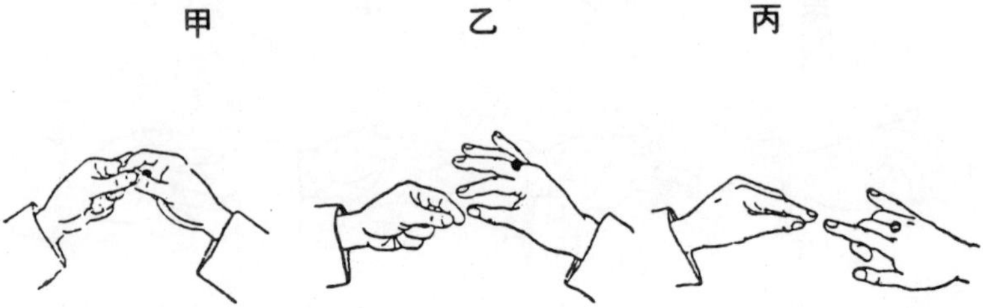

圖68

伸入拳孔而又拔出（圖68甲），別人看起來，豆好似已放入拳內，事實上卻已夾在右手中指和無名指的指根合縫處，左拳仍是空的（圖68乙），但因兩手的動作逼真，觀衆都以為豆在左拳裡（圖68丙）。

然後左手向墊巾中心一拍，彷彿是把豆子拍入桌中，消失不見了。這時右手掌也自然地展開，掌心向下，暗示手裡也沒有豆粒，否則必定會掉下，其實豆子還夾在原處未動，但因手心朝下

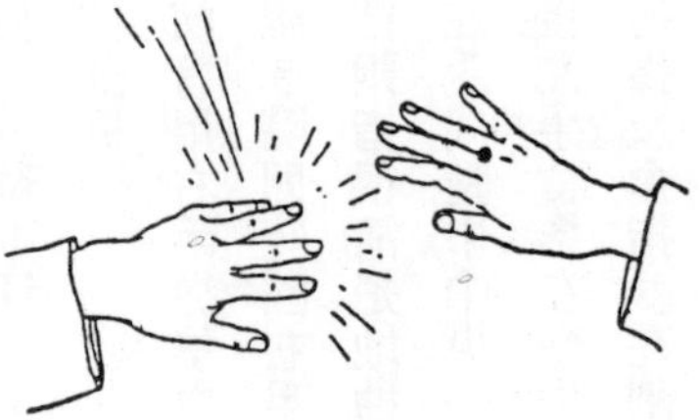

圖69

圖70

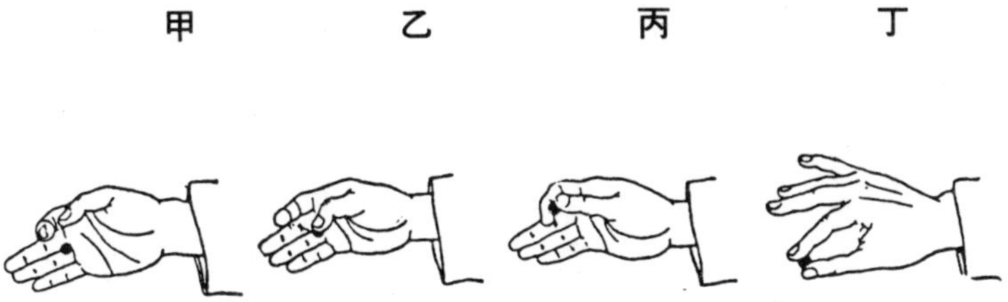

圖71

，觀眾看不出來（圖69）。

再用左手食指在墊巾中心虛劃一個圓圈，目的是把觀眾的視線引到墊巾上去，這時右手就移向虛劃圈裡作一個拈取的姿勢（圖70）。在這一過程中，右手的拇、食兩指要非常迅速地彎向掌內夾豆的指縫處（圖71甲），拇指按住豆，沿中指、無名指的指縫向前推去，到第二指節處（圖71乙），向食指尖上一捻（圖71丙），兩指用力捏住，將豆遮沒，然後兩指在墊巾上一拈，立即使指尖上的豆現出來（圖71丁），像是豆子種入地裡後又重新長了出來一樣。

另外，兩手的交代也是「仙人栽豆」的基本技術之一。

表演者用右手拿豆子交給左手飛去後，不要急於取回，而要將左右手一正一反地互相翻動交代，表明在手的兩面和各指縫間都沒有豆子，確已飛去不見了。

其實這個動作，是分下列幾個步驟完成的：

第一步，左手在豆子飛去後，手掌要平伸，掌心向上；右手掌也要向前平伸，手背向上。這時，右手指縫裡雖藏著豆子，只要態度顯得很自然，觀眾就不會發覺（圖72甲）。

第二步，右手掌平著在左手掌上拂過，左掌不動。這一動作的目的，是表示兩隻手掌上如果有什麼東西的話，經此一拂，一定會掉落下來，現在卻沒有，因此可以證明兩手都沒有什麼東西。

第三步，兩掌合攏，左掌在下，右掌在上（圖72乙）。右掌向後滑出，左掌向前滑過。當左手向前滑動而擦過右手指縫中的豆子時，右手指縫只要稍稍一鬆，豆就滾了出來，並隨著右手的向後滑動滾在左掌末端，由右手的指尖將它按住。這時，觀衆就只能看到空的左掌，仍看不見豆子（圖72丙）。

第四步，左手改向後滑，右手向前滑，兩手合併，豆也回到手掌中央（圖73甲）。接著兩手翻一個身，變為左掌在上（手心向下）向後滑，右掌在下（手心向上）向前滑，等豆子滾到右掌末端，左手的指尖就將它按住，看起來右手掌還是空的（圖73乙）。這些動作如有必要，可以連做二

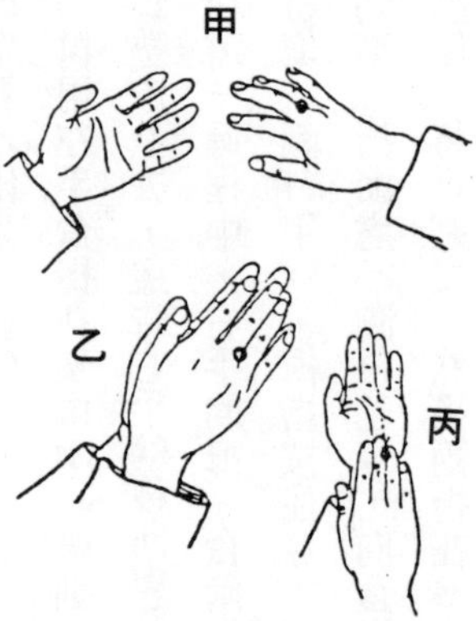

圖72

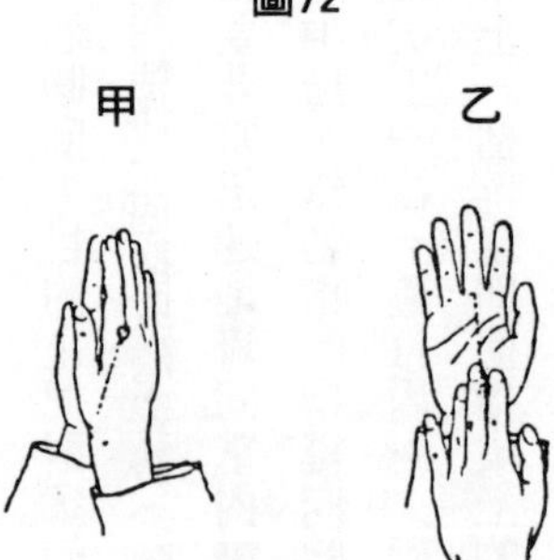

圖73

、三遍。

第五步，兩手翻回原來的地位，右手在上，左手在下，右手向後滑回，左手向前滑去，豆粒隨著向前滾行，到了右手指根處，左手中指朝上一托，右手就把豆子夾回原處（圖74甲）。夾住後，兩手稍稍離開，左手向前攤開，表示手掌中的確沒有豆子（圖74乙）。

這五個步驟是一個明快的、連續的動作。觀眾看來兩手都是空的，好像豆粒已不在手中；而事實上，豆粒卻仍在手中，不過是在巧妙的交代步驟中，轉移了豆粒的地位，使觀

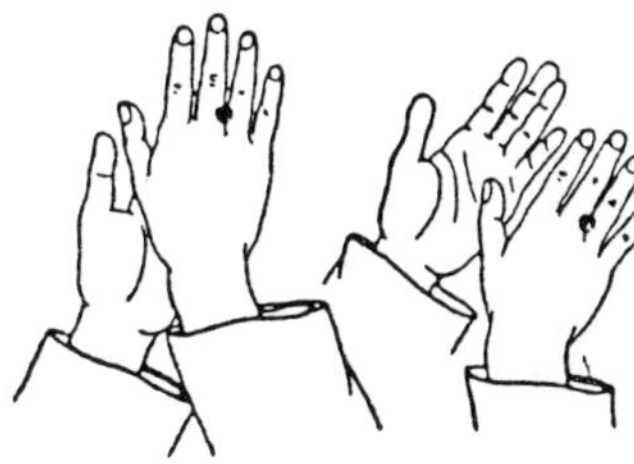

圖74

眾無法看見而已。掌握了上述的表演方法後，便可任意組織表演段落。

「三星歸洞」便是「仙人栽豆」中的相當精彩的表演。

這是用三粒豆子再加上了兩只碗來表演的，該節目正式進入了國際幻術界所著稱的「杯與球術」的範疇。它是系統地將許多動作組成的整套魔術。同時在正式表演之前，還有引人入勝的交代方法和故布疑陣的滑稽穿插。

表演者用右手拈起左邊的一粒豆，將它真的交給左手握拳捏著（拳背向下），右手又把左邊的碗拿起，碗口向下地從左手掌後端向前括下，左掌同時張開，豆粒就被蓋入碗下（圖

圖75

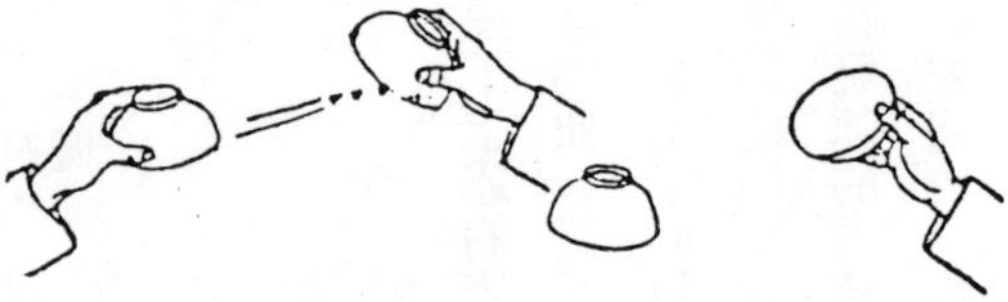

圖76

75甲）。接著再用右手把右邊的碗翻過來，將右邊的一粒豆蓋上。拿右碗時，是拇指在碗外，其餘四指在碗內（圖75乙）。右手又把剩下的一粒豆拈起，真的交給左手握拳捏著。然後把左手的豆向右碗拋去，同時用右手把碗邊揭起一些，讓豆粒滾進碗裡，表示穿豆入碗、一粒成雙。

再把左碗右碗同時揭起，用左碗的碗邊將豆粒向右一撥，當這粒豆滾到右碗下與其他兩粒豆在一起時，即將右碗蓋下；立刻又將右碗揭開，三粒豆都在碗下（圖76）。

祝由移瘡與清水書符

祝由科是古代巫醫的一個流派，源於古辰州（今湖南省），所以又名辰州法。其方法是書符念咒，祝說病由，殺鬼驅病，移瘡他物……。傳說有祝由十三法，實際上多為江湖上腥門子的法訣，至今仍為一些巫婆神漢所用。

清水書符

解曰以清水書符於黃紙上則成紅符此亦祝由科家之術名曰清水靈符亦曰白水神符皆用此法者也

法曰凡行是術者將以上諸法或合而用之或擇取用之此法預以碱為末置小盆內少許（人視之以為空盆也）將新筆一枝令人自取清水來以筆醮水却在小盆以筆㖭之則筆染碱末畫於表黃紙上（畫符之紙皆用表黃紙然亦有用别樣黃紙者此則非表黃紙不可）則成鮮紅色矣　所謂合而用之者即以此符之紙下端塗硫黃水而作香上焚符法是也餘可類推矣

圖77　古書記載的「清水書符」

為了防止上當受騙，特介紹最簡單的門子：

一、清水書符：巫師用新毛筆蘸清水在黃表紙上畫符，符立即成紅色。

這裡用的黃表紙是用薑黃（中藥）水染的，清水實際是鹼水，薑黃遇見鹼就會變成血紅色，秘密就在這裡。

二、殺鬼見血：巫師在病人房內燒香念咒作法，手持寶劍在空中亂舞，用「神仙一把抓」的方法由病人身上抓出疫鬼，扔在一個剪好的黃表紙人身上，然後將寶劍蘸水後砍在紙人上，紙人立刻砍出斑斑血跡。鬼被殺了，病也就算治好了。

還是上面的門子，黃表紙是薑黃紙，清水是鹼水。

三、祝由移瘡：病人生有疔瘡，巫醫看後在牆上釘一個黃表紙人，然後開始唸咒作法，將病人的疔瘡虛抓起在紙人上，再噴一口清水，紙人的同一部位開始泛起紅色。這時，巫醫就說疔瘡已經轉到紙人上了。然後再禹步作法，再噴一口水在紙人上，紅色的瘡又慢慢褪去。這時就說瘡已治好，人身上的瘡也很快就會好了。

黃表紙人仍然是用薑黃紙剪的，另外準備出用鹼浸泡的紙，乾後剪成小片。在看見病人的生瘡的位置後，將鹼水紙小片襯在紙人背後同一位置並釘好。第一次噴水是清水，這是薑黃紙與鹼水紙浸濕在一起就會泛出紅色。第二次噴的是白礬水。鹼水染紅的黃紙遇礬後會褪色變成原來的黃色。

四、氣功發痧：這是江湖上賣草藥的一種表演，在街頭上向圍觀的人群中拉出一個人（可以自己人，也可以是普通觀衆），就從氣色上看有病毒存在體中，必須用氣功發出來，否則幾天後就會生病或長毒瘡，有性命之憂。為了濟世救人，可以免費用氣功發痧。該人信以為真，就脫下上衣，露出背部坐在（或趴在）凳子上。「氣功師」在其背上噴上一口水，然後在一二尺的距離外運氣發功，彈指虛抓，立刻該人背上泛起血點並生成紅暈。這時「氣功師」就說病毒已被發出，用手巾將其人背部沾乾。然後開始賣藥，說是有病去病，無病防病健身，病後調氣養神。圍視者紛紛購買，「氣功師」大發其財。

「氣功師」在受騙的人背上噴了一口鹼水，然後在指甲內偷偷藏上薑黃粉末，在發功時彈到人背上，薑黃遇鹼就會變紅，痧就這樣發出來了。近年來在江南一帶還有搞這種把戲的。

五、酒變五色：祝由科的門子到了魔術界就被改進發展成新穎的魔術。清末唐再豐編的《鵝幻匯編》中就記載了「酒變五色」的幻術，火酒一杯能逐步變成五種顏色。

置白酒一杯，預將藥物藏指甲內。以巾覆之，先彈入薑黃，即成黃色。屢覆屢變。加入鹼末，即成紅色，再入皂礬，又成綠色，最後入五倍子，則成黑色。

這是我國古代的化學魔術，從現代化學的觀點來分析：薑黃投入酒中，溶出薑黃素，酒呈黃色，加入鹼，薑黃遇鹼轉成紅色。加入皂礬（即硫酸鐵）後，皂礬遇鹼成為綠色的碳酸鐵；再加入五倍子，五倍子遇見硫酸鐵就變黑色。此類魔術還被用於「圓光」這類特異功能之中，圓光是用白紙剪成圓形張貼，演者畫符念咒，令人靜心注視圓紙，紙上能顯出圖畫說明或暗示要祈求的問題，如失竊能顯出偷兒的形象，問外出人能顯其在途中等等。

據《三教九流江湖秘密規矩》一書中揭示圓光法的秘密在於：「作此法者於夜半，先具酒燭素供佛馬等，並焚化符籙，口中念咒皆隨意為之。將白紙一張剪圓如盆大。預將五倍子浸水，畫一人於反面，乾即不見。用時貼於椅靠之上，令人相離二尺許，對面坐定，囑其息心屏氣，兩目注視圓紙，務要一心誠意，張大其目，歷一刻之久，則幻相自現。……後以皂礬水噴之，即現所畫之人矣。」

圓光法還有一種門子，那就是用礬水寫字作畫，這就是祝由科的另一法。礬水濕字在唐代就有記載。唐代陸長源撰寫了《辨疑誌》一書，專門辨俚俗流傳之妄。書中記載了陳留縣的巫師李恆曾用此術。

「陳留縣尉陳增妻張氏：召李恆、恆索於大盆中置水，以白紙一張沈於水中，使增妻視之，增妻正見紙上有一婦人被鬼把頭髻拽，又一鬼後把棒驅之。增妻惶懼涕泗，取錢十千並沿身衣服與恆，令作法禳之。增至，其妻具其事告增。增明召恆，還以大盆盛水，沈一張紙使恆觀之。正見紙上有十鬼拽頭，把棒驅之，題名云：此李恆也。慚惶走，遂卻遇咋得錢十千及衣服物，便潛竄出境。衆異而問。增曰：但以白礬水畫紙上，沈水中，與水同色而白礬乾。驗之亦然。」

用白礬水在紙上寫字作畫，乾後一般是看不出來的，然而浸過礬水的綠質還是有些不同的，於是被用來作圓光術的把戲。

用礬水在宣紙（或連史紙）上作畫，乾後一般看不出來，作法時將紙綳在一個圓框子上，然後讓人屏心靜氣看這圓光，紙後有光（月光、燈光）相映，逐漸就可以看出紙上白礬水所作的圖畫。巫師就可以進行解釋，最後將紙取下浸入水盆，圖形就清晰地再顯出來了。

手上發煙

一位高級氣功師伸手發功，觀衆可以看到他手上裊裊輕煙，真真切切。為什麼?氣功師解釋道，修練到了高層次，能量級達到了一定程度，發出的氣每個人都可以看到。

果真如此嗎?也許吧!但是用白磷作道具也可以做出同樣現象的表演。

磷的燃點非常低，在常溫下即可燃燒，燃燒後生煙，軍事上的煙霧彈和燃燒彈，白磷即是其中的主要原料。表演前，表演者先將白磷從水中取出，塗於指甲之上，只薄薄塗一層，厚了不行，塗厚了，放出的煙霧過濃，像農村燒濕柴草所成的濃煙一般，易失真。塗薄一點，一見空氣，很快就會風乾，乾到一定程度便會自燃，因為塗於指甲之上，所以不會起火也不會燒傷皮膚，觀衆看起來，很像是體內生出的。

意念隱遁自由女神

一九八三年四月八日，美國魔術師大衛•柯波菲爾巧使幻術，使高九三公尺、重二〇五噸的自由女神像，在衆人眼前消失。這個當今世界最大的「意念移物」表演不但使應邀的現場觀衆感到驚訝，連收看直播節目的數以百萬計的電視觀衆，也目瞪口呆。

大衛故作神秘地告訴觀衆：「如果要把它吊起來帶走，必須出動三十七架直升機，如果是安裝電梯使它沈入地底，最快速度也得花上十五分鐘。」

因為大衛·柯波菲爾是一個世界著名的魔術家，因此，人們都知道，女神像絕不會移走，它仍穩如磐石，依然如故。可是它確實從人們的視野中消失了。我們不妨回憶一下當時的場景。

這場空前轟動的魔術，安排在夜間表演，現場觀衆特別挑選了各階層人士，還包括了一位傳教士，以加強人們的信心。他們都坐在椅子上，親眼觀賞自由女神如何隱遁。

擋在他們和自由女神像之間的是升降布幕的懸架，只要布幕沿著懸架一拉上，這些現場見證者和電視攝影機也就看不到女神像了。

遠在女神像一邊的地面上，有十二組探照燈把強光投射在它的身上，還有左右轉動的探照燈。

一架攝影機安排在直升機上，由高空俯拍女神像四周。

另一方面，大衛也在觀衆席旁裝置了一個雷達，讓人們看見一光點，證明神像的確存在。

三架柯達相機安裝在不同位置，由三位女郎用鎖鎖住裝了底片的盒子，並站在攝影機前，以女神像爲背景，連續拍攝照片。

如此一來，就可捕捉整個女神像失蹤的過程了。

布簾拉上之後，大衛講了一段自由女神的歷史，觀衆沈著氣、聽他講當年，甚至是母親移民之時初見女神像的感受。當一位魔術師在台上回憶往事想念媽媽的時候，你應該知道他是在拖時間。

此時此刻，電視觀衆只看到大衛的臉和觀衆現場，而現場觀衆只看到懸架和布簾。鏡頭往上拉，大衛命令將布簾拉開。

好傢伙，女神像果然不見了。

現場觀衆瞪大了眼，張大了嘴，除了鼓掌外，還能做什麼?!

驚訝的電視觀衆即刻能看到另一個畫面的切入，是直升機在女神像上空拍攝和飛行，周圍移動投射的探照燈也左右交錯，照過來又照過去，就是照不到原來聳立的女神像。

螢光屏幕上的畫面又換了，躊躇滿志的大衛先展示雷達儀上的光點消失，繼而是三位美女展示的連續照片——芳容依舊、神像杳然。

該搬回來了吧。布幕拉上，念舊的他又要請回自由女神了。

布幕拉開。嘩，女神又依然高舉火把，傲視世人。

女神失縱的真相是什麽呢?

你絕對沒有想到,大衛和整組工作人員花了多少時間、多少心血、多少金錢去策劃、設計、佈置及製造整個假象。

說穿了,你會說:「原來如此。」但你仍然會由衷地佩服這個空前的創舉。

讓我們看看美國專探內幕的威廉·龐斯頓的明查暗訪。

雷達儀

是電子遊戲機式的道具,有人控制,在恰當時間使光點消失。

觀衆席

數十張椅子是固定裝置在一個大型旋轉台上,電視觀衆是看不到的。

無聲、不震盪的機器會在布幕拉上時,使觀衆稍微轉動數尺。

當大衛在思母之時,近五分鐘的時間,現場觀衆絕對感受不到短矩離的移動。

懸　架

裝了多盞令人眼眩目眩的大燈、小燈,正對著現場觀衆一張張面孔,它足以使每個人產生暫時盲目,尤其是在燈熄滅後又亮起,瞳孔在一時之間不能接受遠方燈火。

探照燈

圍繞女神像的探照燈有兩組。一組真的、一組假的,假的是依原形模擬安置在另一處。

當女神像在的時候，直升機就堂而皇之俯視直拍。當女神像「失縱」之後，另一架直升機就攝取空空洞洞只見光圈不見神像的偽造自由島。

兩組鏡頭巧妙交接，驚喜交加的電視觀衆一時難以明辨真偽。

照相機

任何用過照相機的人都知道，一般自動對焦相機的閃光燈是拍不到遠方的。

如果遠在三〇五英尺高的女神像有自己的照明，黑夜取景也是一片光，只見輪廓模糊不清。

如果遠方的女神像燈光全滅

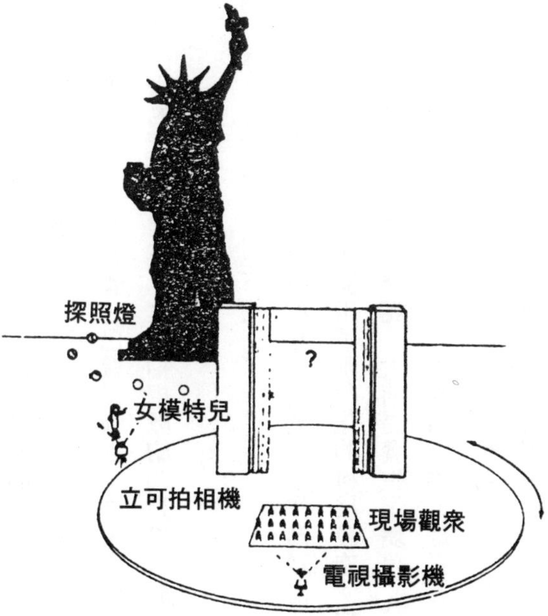

圖78　女神「失蹤」真相示意圖

，隔著百來英尺，小小閃光燈的光線，絕對投射不到。

如此一來，自由女神像有燈之時，照相機可同時捕捉它和站在前面的微笑女郎。一旦自由女神像的燈熄滅，敏感的對焦會以最近的女郎為主體，快門開關速度和感光強弱自動調整。當然只拍到仍然翹起唇角作歡笑狀的女郎。

現場觀衆是安排在一旋轉台上，當布簾拉下時，沒察覺它已緩慢轉動，結果看偏了，而不再是正對著自由女神像。由於女神像四周的探照燈熄滅，立可拍相機的閃光燈只能再捕捉最接近的模特兒，遠方必定全黑。

綜合以上五個特點，再參看圖78，你就會覺得一點也不稀奇了。

大衛還表演過意念穿透長城，意念飛越大峽谷，意念遁走尼耳飛機……作為魔術師的大衛令觀衆佩服，佩服他的技藝，佩服他的創造性，佩服他採用了現代化的科技設施。如果大衛的身份不是魔術師，而是氣功師、特異功能者，又會怎樣呢？大前提發生了變化。

魔術玩的是技藝，是假的；而氣功、特異功能被認為是人體本身的能力，是真的。作為「氣功師」的大衛就會被人們認為是「大師」，是「救星」。那麼那些氣功師表演的「意念手術」、「意念取石」（體外取膽結石）的所謂特異功能難道不值得人們去深思嗎？究竟是真，還是假呢？

會走動的錢幣

表演者向觀衆借用一枚分幣，放在自己左手的手背上，靜默發功之後說「走！」那分幣果然在他手背上走動起來，他舉起右手將兩隻手手背相接，那分幣竟從左手走到右手上，他喊一聲「停！」分幣立刻停住，一動不動了，這枚分幣怎麽會走動呢？是意念使它走動的嗎？

說穿了十分簡便。用一點泡泡糖、一根長頭髮就可以做到。表演前將泡泡糖在嘴裡嚼爛了，取下一點黏在髮絲的一頭，髮絲的另一頭繞在上衣的一粒鈕扣上。

表演者一手持幣，一手把黏在身上的泡泡糖取下，借倒手的機會將泡泡糖黏在錢幣底下，然後將錢幣放在手背上。略停片刻，好像在向它施魔法。此時手背慢慢向前移，就產生了錢幣的錯覺，只要手背不動，錢幣也就停止走動。最後將泡泡糖拿下，錢幣可以還給觀衆，由於髮絲極細，觀衆的肉眼是無法看到其機關的。

意念碎物

一九八八年夏，一位五十開外的氣功師，據介紹此人是少林俗家弟子，早年曾在少林寺專修童子功，開發出了特異功能。而後，投身革命，以特異功能的底功表演魔術，遂成靡聲國內外的魔術大師。關於這位大師的「動人事跡」，口說為虛，眼見為實。他表演的意念找牌，乍看起來還真有點特異功能。

表演者拿出一副撲克牌，全部攤開，拿到大家面前，請大家看了看，「就是你們平常玩的紙牌。」

然後，將牌遞給一位觀衆，請他將牌洗勻。

表演者接過牌後（牌是扣著的），對這位觀衆說：「您可以任選一張，並記住它從上往下數是第幾張。我不看。你也防著我點，別讓我看到。」說罷，表演者頭轉向後並閉上了眼睛。

這位觀衆抽了一張牌，怕自己記不住，又讓幾個觀衆一塊幫助記，把牌放回原位。

表演者接過牌後放在身後，迅即移到身前，他左手持牌，右手在裡邊抽出一張裝入衣袋中，對大家道：「您選的牌，我已經找到了。告訴我您選的是第幾張吧！」

那位觀衆答：「第10張。」

「好，您看是這張嗎？」表演者遞過來一張牌說。

「不是啊，剛才的不是這個……」

表演者自信地微笑道：「您別說出來，您說出來我就沒功夫了。」他又遞過來一張：「

怎麼樣，這回對了嗎？」

「對了，就是這個！」果然不錯，他最後從口袋裡掏出來的牌，正是剛才從裡邊隨意抽的那一張。

表演完了「意念找牌」，場上氣氛十分熱烈，表演者興致也很高，抹了抹頭上汗，表示今天情緒好，可以再表演一個。

他從水果盒裡選了一個蘋果，放在桌上，比劃了幾下，又放了進去。隨手拿起一根香蕉，很仔細地看了看，徵求意見似地對大家說：「我用這根香蕉做個表演好不好？」衆人齊說好。

表演者脫了褂子，裡邊是一套緊身衣，他在腰上束了一根皮帶，揮掌、踢腳，身子探下腰去轉了一圈。然後，拾起那根香蕉，又請人找來一塑料細繩捆在香蕉中央，請三位觀衆一起把它吊在門口百公尺之外的一棵樹上。

只見表演者在屋裡忽而龍翔虎步，忽而鷂子翻身，呼吸粗壯如牛，足下生風似馬，神態肅穆，臉色通紅。

「嘿」，「嘿」，隨著兩聲大叫，表演者右手拇指裡扣，餘四指併攏朝窗外香蕉懸掛樹上連揮了兩次。然後，徐徐平靜下來，雙手自上而下，捂到小腹，氣歸丹田，收了功。

表演者平靜道：「請把香蕉剝開看裡邊有什麼變化。」

大家呼啦一下圍了上來，剝去香蕉皮，只見那黃白隱隱的香蕉肉已被攔腰齊刷刷切開了兩道，香蕉一分為三。想起表演者剛才那兩聲「嘿」和揮掌兩次，大家恍然大悟。

實話實說，牌不是意念找到的，而是「算出來」的。當表演者請那位觀衆選一張牌後，將整個牌放在身後，在身體的掩護下，迅速地將整副牌中最下邊一張，也就是第五十四張牌取出，放在整副牌上。然後，當著大家的面，用右手從牌中抽出一張牌來，這一張是隨便抽的，表演者並不知道這張牌是什麼，但是他謊稱剛才觀衆抽的那張牌他找到了。因為他已經「找到了」那張牌，所以他再問大家剛才抽的牌是第幾張，就不容易被人懷疑了。

當報出剛才抽的牌是第十張時，表演者便按照順序號數牌，數到第十張，遞過去問：「是這張嗎？」回答當然是否定的。趁著驗證剛遞過去的牌正確與否時。表演者將第十一張牌迅速放入口袋，然後大大方方掏出來，正是剛才抽過的那一張。

為什麼是第十一張呢？因為從觀衆手中取回牌的時候，從底下抽出來的一張，蓋在整副牌的最上面了，原來的第十張排在11的位置上了。

萬一表演者先抽出放入口袋的牌正是觀衆抽的那一張怎麼辦？很好辦，第十張第十一張觀衆都否認，而事先抽出的一張掏來正好得到承認，那豈不更證明了功夫是神奇的？不過，這種概率比較低，只有〇·〇一九，不易碰上。

發功的香蕉是「加工」過的，這是全部秘密之核心。加工方法是，用一根銀針，在香蕉皮上斑點處刺入，將香蕉肉劃斷，劃一道、兩道、三道可隨意（圖79）。

除了「針扎香蕉」外，其它那些動作、形式，那一車一車的廢話就是唬人的了，只為障人耳目，解除人們的懷疑。

排除空盒子

將一堆裝膠卷用的空暗盒擺在桌子上，表演者請一名觀衆將一杯水倒入其中一個空暗盒

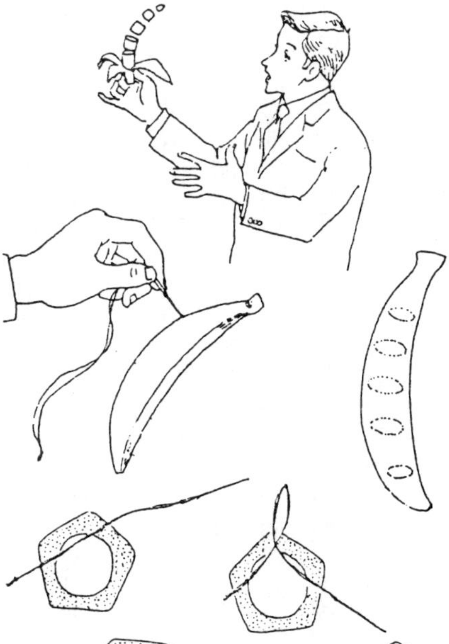

圖79　切細的香蕉

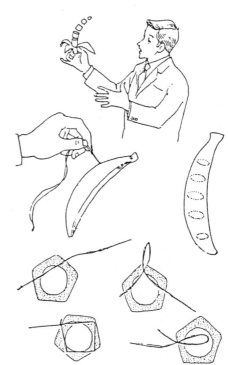

裡，倒入之前，表演者起身出去。有人監視他，表演者不可能窺視到屋裡的一切，他也確實沒有一點窺視的行動，室內安排完了，招表演者入內。

面對一大堆空暗盒，表演者略加思索地皺了一下眉頭，然後閉目入靜片刻，便用手在盒子上揮幾下之後，請人一個一個拿走空暗盒，最後下的那一個，正裝了水的暗盒。

這個表演是從「國外引進」的。

第一個表演這個節目的人是以色列「超人」尤利・蓋勒。

不過，由於這個表演難度並不大，世界上的魔術師只要掃上一眼，便可透知其中的奧秘。

美國魔術師詹姆斯・蘭迪為了說服相信尤利・蓋勒具有超自然力量的心理學家安德魯・書爾，便給他再現了一次尤利・蓋勒的表演。以下是安德魯・韋爾的自述——

「好啦，讓我們試試蓋勒先生最喜歡玩的騙術之一。」他拾起十個膠片盒子，「讓我們把其中一個裝滿螺母和螺栓——裝緊一些，以免鬆動會響起來。」當我照他說的去做的時候，他到屋子外邊去了。「現在把所有的盒子混起來」，他在廚房裡喊叫說。我做完後，蘭迪回來與我並坐在桌子旁邊。

他的手在盒子上方動著。「我要把空盒子都刪除掉」，他告訴我：「當我指出一個空的時候，你就把它拿出來，迅速放下，不使我從聲音中區別出什麼東西。」他在空盒子上做了些手法，恰如我在電視上曾見到的尤利•蓋勒所表演的那樣。「那個是空的」，他指著中間一個堅定地說。我把它拿開並放在一邊。「別告訴我，我是否錯了」，他說。

「那個是空的」，他又指著另一個盒子說。蘭迪有一種偉大的戲劇意識，我感到自己也捲入了他的表演。

只剩下兩個了。他把手放在每個上邊掠了一遍，似乎感覺從裡面發射出來的金屬散射，「那個是空的」，最後他指著左邊一個說。我把它拿走了，確定是空的，剩下的那一個裝滿了螺栓和螺母。他既沒有接觸過盒子也沒有動過桌子，我很吃驚。

「好啦」，蘭迪對我說，「那是場騙術，我要告訴你怎麼做這玩意兒，但我要你保證不揭露這種方法，因為我們魔術師不支持揭露秘密。」

我國也有「特異功能」人能展示這種功能。

其實秘密說穿了非常簡單。

這裡要用到一個「媒子」。即請一位助手混進觀眾中，以手勢或眼神或聲音告訴表演者哪一個是裝了螺母和螺栓的。如果盒子沒有打亂，這種告訴一次便可完成。如果盒子已經打亂，則需要表演者及搭擋據桌上空盒子的排除情況而定。譬如，表演排除空盒子的規律是以視力表一•〇～一•二的E字朝向為準的，則有「上下右左右上下左」，「左上右左上下下右」觀眾看這種排除法無規律，可是表演者及搭檔心中有數，事先約好，助手提三個數咳一聲或擤鼻涕，到時一配合就成了。連孩子也會表演。

燈管發光

日光燈會發光，那是通了電的緣故。

還有一種不通電或剛斷電，也可以見到微光。那是新燈管，因為管中有部分殘留的螢粉之緣故。

可是，如果舊燈管突然出現了這種關燈後微微發光，手一挨近，光亮增強的現象，就不好解釋了。於是，有人專門表演用意念使燈管發光，便引起了人們的好奇。其實這與意念一點關係也沒有。精通日光燈管安裝技術的師傅會輕易揭開他們的秘密。

關閉了的日光燈兩端出現亮光，是因為接線方法異常而引起的，這是個被做了手腳的日光燈。做手腳的方法是，將火線不接入開關，致使燈管一端仍與火線相通，這就在燈管與牆壁之間形成了一個電容。

所以，雖然開關關閉了，仍有部分電流通過燈管，使燈管兩端發光。

只要將火線接在開關上，這種微光就立刻不見了。

這種做了手腳的日光燈，只要有人用手挨近去摸，光亮是會增強的，所以有的表演者讓觀衆靠近燈管，燈管就變亮了。此外，在黑暗中，時間一長，人的眼睛瞳孔放大，適應了黑暗的環境，一點光亮也會感覺很亮。

靈子提物

「意念提物術」表演起來是很神奇的。

湖北超人表演意念提起臉盆節目時，渾身肌肉像小山一樣鼓起來，一身精悍的武生打扮，臉上帶著謙和微笑，憋氣、運氣、跺地、抻腰，一連串優美而誇張的動作過後，右手攥拳伸入一個空臉盆當中，馬步蹲襠，力至極點，借氣功的爆發力（靈力？磁力？引力場？……）硬是把臉盆給提了起來。更有甚著提的不是空臉盆，而是裝了半下子水的臉盆，提起來的東西重量增加了。據說：「氣功的能量也高一個『級』。」

表演者還有一絕，每次運足了氣，將裝著半盆子水的洗臉盆用拳頭吸起後，至腰身高時，必有一歪，臉盆傾斜，水濺一地，表演者俐落地操起抹布，口中連聲道：「對不起，表演不成功！請領導多指導！」觀衆早已被表演者的樸實謙虛、實事求是的態度征服了。既已「吸起」腰身高，怎有不算成功之理？大家每每鼓掌便是證明。

表演近在數尺，驚奇新鮮感滿足之後，我細細觀察，發現若干細節可疑：為什麼表演前都離不開一塊抹布?為什麼他表演都讓大家躲遠一點?為什麼表演時不讓觀衆從上往下看?為什麼不讓拍表演這個節目的照片?

原來秘密就在手心裡,他必須通過抹布、視覺角度來掩護竅門。抹布中隱藏著一個能吸住玻璃板、水盆中等平面上的一個小吸盤,塑料做成底盤的小掛勾。

通過抹布擦手的動作,把這個小吸盤傳遞到手心,在握拳運氣、施展意念的大段表演中,暗暗將吸盤緊壓盤底,吸住水盆,並將盆子從地上帶起來,當水盆傾斜,水往外濺,觀衆必然躲開之際,迅速將吸盤扒下,利用抹布擦水的機會,將小吸盤藏回抹布中,就可大功告成了。

這個節目也有上百年的歷史了,過去稱為水底撈月,近年來作為滑稽魔術常常串插

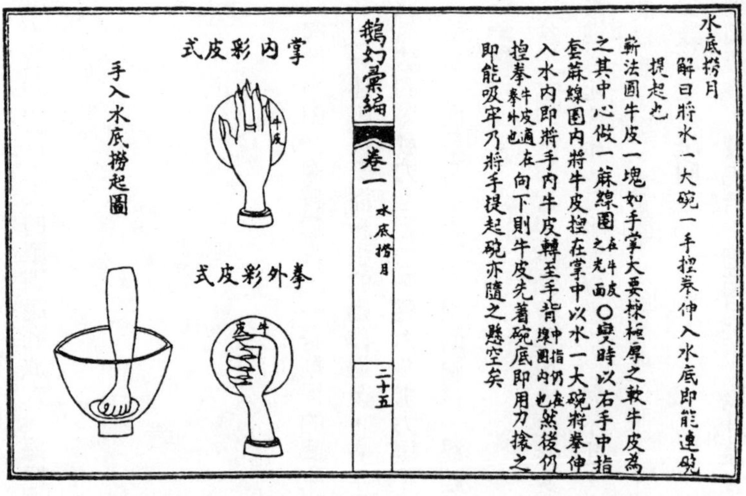

圖80　靈子提物即是≪鵝幻匯編≫中記載的≪水底撈月≫

在雜技晚會幕間表演，並把秘密公開告訴觀衆，觀衆往往哈哈一笑而過，沒有覺得有什麼特異之處。可是換一種表演方式，如我們上面談到的靈子提物，給人的感覺便大不相同了，似乎真有幾分靈氣。

「外氣」固杯

桌上並排放著一串玻璃杯，表演者請觀衆將爐子上滾開的水往玻璃杯裡倒。水剛倒進去，只聽「卡吧，卡吧」直響，水杯炸裂了，滾燙的開水灑了一地。桌子上只剩下一個未倒水的杯子。

表演者手持一小勺。他將小鐵勺給大家看。這個小勺普普通通，沒什麼異樣。「現在，我對小勺發功。」說罷，表演者左手持勺，右手不停地朝小勺抖動，約一分鐘後，他將小勺輕輕放入桌上的水杯裡，倒水的人，又端起滾開水朝杯子澆下去。水，徐徐注入。一秒、二秒、三秒……十秒。沒炸，真的沒炸！台上，是表演者自信的微笑，台下，是觀衆欽佩驚異的目光和熱烈的掌聲。

這是個誰人皆可做成功的實驗，與氣功完全無關。其中的奧妙並不難解。滾開的水入杯後，杯子受熱膨脹，由於玻璃的導熱性相對較差，裡層玻璃膨脹後，外層還沒有接受到熱，因此玻璃杯外壁膨脹滯後，外壁的壓力在瞬間驟然增大，壓力超過杯子的強度，於是炸裂就發生了。

放入小鐵勺為什麼就不炸了呢？主要原因有兩個：一是水先澆到了勺子上，勺子吸收了一部分熱量，間接地減小了玻璃熱膨脹系數；二是放入鐵勺，等於給杯子提前預熱了，減少受熱的突然性，所以杯子就不炸了。

靈鴿附體

肚子能說話的人，在武俠小說裡常見。金庸的《天龍八部》裡有名的「四大惡人」中的老大，就有這功夫。書上管這叫「腹語」。某些表演用肚子說話的人則稱：用自己肚子講話的不是自己，而是存在於自己體內的另一種生命。他們的名字叫「靈鴿」。靈鴿不僅可以說話，還可以幫助有求於它的人診病、預測吉凶，甚至協助破案，準確率頗高——儼然一個先知。

一位婦女曾作過這樣的表演：

觀眾問：「靈鴿，我有什麼病嗎？」

「腳不大好。」

「哪隻腳不好哇？」

「左腳。」

「沒有哇？」

「有哇。」

又有人問：「靈鴿，我明天會離開嗎？」機票已拿到手，所以這樣問。

「不會。」

「我偏要走呢？」

「有危險。」靈鴿回答得令人心驚。

「有什麼危險？」

靈鴿不答。

片刻後，靈鴿又講：「我會幫你。」

——事後詢問，那位老兄第二天平安到達。「請你給我測一下。」一位觀衆在發問，「我們單位和我之間……」

他的話沒問完，靈鴿便接著說：「有點誤會。」隨後，又說：「你那裡有人嫉妒你，兩個人。發現沒有？」

「謝謝你，我知道。」看來靈鴿測準了。「但我對他們還很友好。」那位觀衆說。

「我知道。」靈鴿的語氣裡充滿了自信。

真夠神的！

其實這種表演上古已有之，古代的魔術文獻《鵝幻匯編》中稱之為「仙人說話」。外國表演藝術中稱之為「腹言術」。那不是什麼特異功能，而是人通過練習並運用一些隱密的小道具而造成喉、鼻發聲而嘴不動，貌似肚子說話的現象。《鵝幻匯編》甚至將這穩密小道具的式樣、製法畫了出來。

另一篇古代文獻宋沈括《夢溪筆談》中也談到：「世人以竹木、牙骨之類為叫子，置喉中吹之，能做人言，謂之顙叫子。」又說「嘗有病瘖者，為人所苦，煩冤無以自言，聽訟者試取叫子令顙子作聲，如傀儡子，粗能辯具一、二，其冤獲申」。

清朝有文獻這樣記載：清李振聲《百戲竹枝詞•觀肚仙》：「座上焚香拜女冠，返魂浱說少君傳。不知鬼語來何處？逗得孤鸞哭肚仙。」註云：「女冠以術致已亡者，附語於其腹中，各道其家事，如在生，亦不可解也。浙之紹興，聞有之。」腹言術表演者在這裡是一個巫師，她把肚子說話解釋為是她招來的鬼魂在講話，以奇異的現象來加強身為巫師的奇異身份的力量。

外國也有類似的事情，《鬼文化》一書中說，有一夥人懷著好奇心跟一個老巫婆到一個經常鬧鬼的屋中去看鬼。這個屋子是建在海邊的一個小木屋，屋子很舊，也很破。在黑夜裡

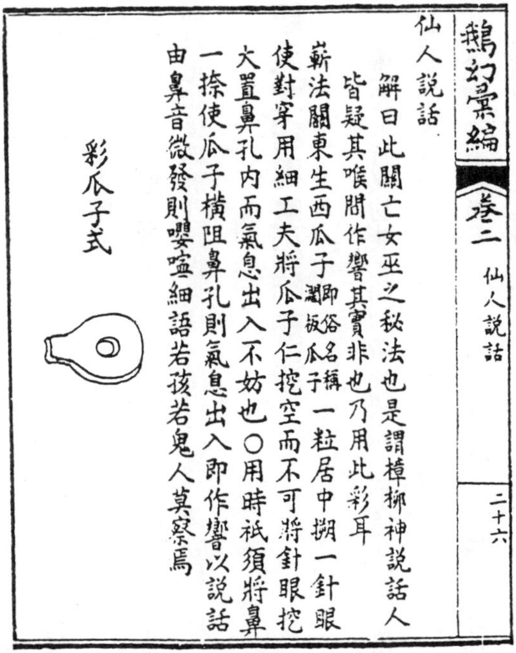

鵝幻彙編　卷二　仙人說話　二十六

仙人說話

解曰此關亡女巫之秘法也是謂樟柳神說話人皆疑其喉間作響其實非也乃用此彩耳嶄法關東生西瓜子（即俗名稱灑扳瓜子）一粒居中掰一針眼使對穿用細工夫將瓜子仁挖空而不可將針眼挖大置鼻孔內而氣息出入不妨也○用時祇須將鼻一捺使瓜子橫阻鼻孔則氣息出入即作響以說話由鼻音微發則嚶嚀細語若孩若鬼人莫察焉

彩瓜子式

圖81　古書中記載的腹言術技法

，若巫婆帶他們來到這裡，點上熊熊的爐火，火光把人們的黑影投到破爛的牆壁上，風呼呼地刮著，從四面八方搖曳著火苗，海浪翻騰著濤聲震天，在這樣一個陰森的環境中，老巫婆閉目出神，一會兒就聽到屋中有各種各樣的聲音，一會兒是老人的，一會兒是孩子的，一兒是幾個鬼的哀叫，一會兒是一群鬼的吵鬧，人們抬頭環顧四周黑影亂動，著實令人心顫。

在我國，肚子說話的技巧斷檔四十年，現在有人出來表演，人們由於無知而推崇其為神奇的特異功能。在國外，這類節目一直處在發展中，不足為奇。在電視和各種娛樂場所都能看到這樣的表演，比如表演者手裡拿個玩具人或動物，他同這玩偶人說對口相聲，玩偶人說話時，表演者的嘴是閉著的，聲音從喉鼻處發出，音調和他本來的絕不相同，很像另一個人在說。還有的表演者能跟肚子裡的聲音同時說話，甚至同時唱二重唱，為了表明沒有錄音機在起作用，他們經常同觀衆交流，插科打混，逗得人哈哈大笑。

外國人不把這種表演視為特異功能來崇拜，而是做為普通人的高超能力來尊重和接納。同尊重和接納那些跑得最快、跳得最高的運動員一樣。

超人尤利與魔術師蘭迪

魔術與特異功能之間的微妙關係，不僅在中國難以分辨，在國外也有類似情況。超人尤利與魔術師蘭迪的表演可以給人們以啟示。

尤利・蓋勒是個二十六歲的以色列人，他以表演傳心術和心靈運動能力聞名於世。他宣稱僅僅靠注視就可以使物體彎曲或破碎，還聲言可以使物體消失。

尤利有過這樣一次表演：

有一位年輕的律師問尤利，是否能彎一個有價值的舊別針，這別針屬於他的妻子。尤利說他試試，「假如它真的扭彎了，或者破碎了怎麼辦呢？」他問。

「相信我，尤利，它對我們將是一種紀念方式。」律師告訴他。

「好吧，也說我還要試試這把鑰匙。」尤利自言自語道。他拿起那把鑰匙——那是把漂亮的、堅固的家庭鑰匙，並把它放在左手的拇指與食指之間。他用手指撫摸鑰匙的杆。在很長時間裡，什麼也沒有發生。然而尤利突然高叫：「看！開始了。」有幾個人湊上前去。鑰匙並無變化，但是尤利堅持說：「它正在彎曲！是的，它正在彎曲！」此後，鑰匙的尖端彎了過來。而原先它是直的。

尤利把鑰匙放到一個盤子裡，「它將會自己繼續慢慢彎曲。」他告訴人們，幾分鐘之後，彎曲得似乎更加明顯了。「通常，它們一直彎曲二十四小時，所以明天早上這把鑰匙將會變得更厲害。」

圖82　神奇的蘭迪表演意念解繩

另有一位觀衆給尤利一個很重的古老戒指，上面嵌著寶石。尤利仔細地檢查了那只戒指。他要那人用手指支著戒指的邊緣。然後尤利用手把那人的手指和戒指都蓋起來，並不接觸那只戒指。他的手換了幾次位置之後，他似乎把一隻手伸了進去。等到尤利把戒指給大家看時，戒指已不再是一個環了，再也不能戴回它主人的手指上了。

在成功的鼓舞下，尤利拿起另一個房間的鑰匙，一分鐘之內就把它彎了二十五度。他向人們擔保，到明天早上彎曲的角度會更大。

後來，有人要尤利彎一把叉。尤利說他不喜歡彎銀製品，因為彎起來太容易，不値得做。他一邊說著話，突然拿起了一把叉子，只是在手裡玩著。突然，叉子看起來像熔蠟一樣從尤利的手上掉了下來。「我的天哪！瞧這玩意兒！」尤利說。「我還不曾想做呢！」叉子被彎成一個奇異的角度。

過了很長一段時間之後，一個令人驚異的名叫蘭迪的非凡之人，他是一個舞台魔術家，一個有脫身之術的雜技大師，揭露了尤利是個純粹的魔術師，他宣稱尤利的絕大部分表演他都能重複。

「尤利怎麼能彎曲鑰匙呢？」有人問。「他沒有彎什麼鑰匙，」蘭迪回答說，「那些鑰匙已經是彎的了，他是通過變戲法的手段顯示給您看，使您覺得它正在彎曲。」

這話聽起來不太令人信服。因爲的確有人看到直的鑰匙，而且目睹了它的彎曲過程。

圖83　美國魔術師蘭迪表演盲目猜鈔票號碼

為了說服衆人，蘭迪重複了尤利的表演。他取了一支釘子，用拇指和食指拿住釘子的中間。「現在注意看看釘子，」他說，「我要試試彎曲它了。」他用拇指和食指慢慢地、輕輕地把釘子搓來搓去。

突然，釘子在人們眼前彎曲了，「看這個」。蘭迪抿嘴笑道。釘子彎了大約三十度，並且是由一個舞台魔術師做的。

蘭迪又用慢動作表演用一支彎曲的釘子替換了一個真的釘子。他怎樣在恰當的時機之前一直隱藏著那支彎的釘子，以及在他手指間搓著釘子的時候怎樣把彎的暴露出來。蘭迪說：「他（指尤利）是個很好的魔術師，他可能有許多不同的技巧。但是一個訓練有素的職業魔術家有機會靠近點觀察他，所有的機關都能給指出來。」

相信傳心術和心靈運動這類事情的人們，有時是由懷有希望的想法所引起的。《時代》雜誌編輯曾經說：「從來就沒有一個有充分證據材料的『心靈現象』。許多人相信這樣的事是因為他們需要相信。」

節選自美國一九七四年六、七月號《今日心理學》

第四章 硬氣功與婆羅門伎

硬氣功也是當今流行的特異功能中的一大類，它包括油錘貫耳、頭頂劈磚、釘板開石、吞刀、吐火、眼睛吊水桶、玻璃渣上跳舞、汽車過身等數十個項目。過去這類節目稱為打硬、硬功、苦行術、苦刑術或酷刑術，是傳統魔術中的一個特殊門類。最近十年來，隨著氣功熱的興起，冠以「氣」字，把形形色色的硬功魔術皆說成是練「氣功」所致。這類節目從歷史上看，它來源於西域曾經十分盛行的婆羅門伎。

公元前七八年，西域善眩人即魔術師就把吞刀吐火一類的魔術帶到中國，使朝野觀衆為之驚奇。漢代畫像石中有數幅反映吐火魔術表演形象出現。魏晉至唐，佛教在中國流傳開來，宣傳宗教的婆羅門伎也隨之傳來，以奇伎異能來展示佛法神通廣大，使人畏服。

據《舊唐書‧音樂誌》載：「睿宗時，婆羅門獻樂，舞人倒行而以足舞，於極銛刀鋒，倒植於地，低目就刃，以歷險中，又植於背下，吹篳篥者立其腹上，曲終而亦無傷；又伏伸其手，兩人躡之，旋身。手，百轉無已。」

唐道世《法苑珠林‧十惡篇》：唐貞觀二十年（公元六四六年）西國有婆羅門來到京師，善能音樂、祝術、雜戲、截舌、抽腸、走繩、續斷。那時印度婆羅門宗教活動中有一種提倡「苦行」修煉的方法，認為要修成正果，必須用極端的痛苦來鍛鍊自己；或者用本身現實的痛苦來換取未來的福報。用這種辦法修行的人稱為「苦行僧」。

實際上造成這些超常現象都是人體潛在能力可以承受的；或者是有魔術竅門，經過一段

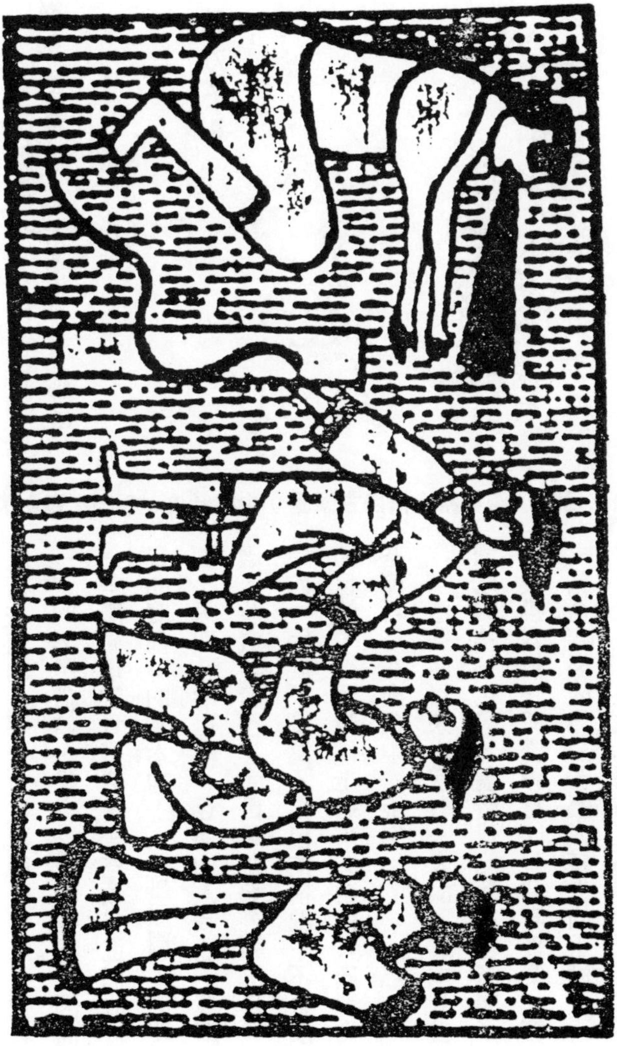

圖84　漢代畫像石中刻畫的西域人吐火形象

圖85　唐舞繪（信西古樂圖）中的吐火、呑刀、臥劍表演

時間練習就能夠實現的。

這些節目漸漸流入民間，成為舊時代藝人魔術表演的一部分，這類節目有驚險效果，有一定的票房價值，又有一定的技巧，因而成為一些魔術班的骨子活，一些項目進而成為當時民間魔術師的基本功——劍丹豆環，劍即呑寶劍，丹即吐納鐵球，豆即仙人栽豆，環即九連環。演這類節目，演員是要吃苦頭，且有損健康的，因此不到萬不得已的情況下不會演這類節目的，從舊時代走過來的老藝人們認為演這些節目是在血盆中撈飯吃。

這些節目來自宗教，表演形式本身就帶有濃厚的神秘色彩，舊時代的藝人也沿襲了這種表演模式把它與賣神符、賣健身膏藥、賣壯力丸結合起來成為窮苦藝人謀生的手段。新中國建立之後，在改革舊的文藝時，認為這部分節目表演的內容多是刺激感觀、粗俗，帶有欺騙性的，容易產生誤導。演出這類節目有損演員的身心健康，因此長期以來這類節目在雜技舞台上近乎絕跡。

近年來，一些節目和原有的作藝方式重又出現，尤其以氣功師表演的形式出現在觀眾面前，使人看了很受刺激，以致目不忍睹。

對於傳統魔術全盤繼承或全盤否定都不利於它的發展，只有在繼承傳統的同時去除糟粕，才能使現代魔術健康發展。

月下傳丹

月下傳丹，也是以吐納之術的形式表演的傳統魔術，即是硬氣功師們常演的吞鐵球，《鵝幻匯編》中有記載。這是個非常危險的節目。

表演者把一個比乒乓球大的鐵球（小號健身球）放進口裡往下咽。由於球大，食道口徑小，所以球在咽部時，吞球的人總是面紅筋脹，血脈怒脹，給人們留下十分難受的印象。一番掙扎後，總算把球「吞」到了肚裡。最後，表演者又作摳腹嘔吐之狀，將鐵球從口裡吐了出來，掉在地上竟能打出一個凹坑。

從醫學角度來看，誤吞下一個二～二．五公分直徑的彈子是有可能的。但這樣大的鐵球則無論如何也吞不下去。那麼球到哪裡去了呢?實際上它就壓在表演者的咽部。要練出這一手是很痛苦、很困難的，它必須使人體的吞咽反射減弱。因此，會「吞劍」的人幾乎都會「吞球」。

但是「吞球」比「吞劍」要危險得多。因為每個人咽部的兩側，都有頸部的動、靜脈血管和神經通過，對該處進行強力的壓迫或者刺激，可能引起反射性心跳停止而造成死亡。正如部分上吊的人並非死於窒息，而是死於心跳停止。

建國前，北京天橋有的老藝人演這個節目時，只穿一件麻布

月下傳丹

解曰欲耍此技非習吞鐵丸者不能也其法用項球一箇(項子去座為項球不論何色)將二掌頻搓之倏來倏去畧如仙人採豆而物大難藏矣

蘄法凡習吞丸者先以菓之圓滑而小者試之使嚥入喉間鬲內既而鼓氣使上升則出於口也習之精熟吞吐極速然後可演月下傳丹矣其法用項球一箇將三手搓之置於唇上(將頭畧仰將口承其項球)遽以右手作取狀仍以二手作搓狀而實則於取時急吞入喉其手空握二手亦空搓也既而以左手握拳(意在手握項)向右肩上拍之二手俱空矣(如拍入右肩矣)既而以右手忽向左肩作摘取狀(空握也)仍以二手搓之(亦空搓也)置於唇上(空也)置却於此時忽以喉鬲之項球吐出應手而出置唇上(則究然是出於左肩而取置唇上者矣)再如前法變之其變法多端豈能盡載一隅三反靈變在乎自悟未可膠柱而鼓瑟也

圖86　古書中記載的「月下傳丹」

褂子，袒胸露懷，手拿蒲扇，先吞下一球，接著再吞一球。然後挺者大肚子在觀衆面前，搖搖擺擺，使人們聽到肚內鐵球互相撞擊發出叮咚的響聲。其神秘的程度可謂絕矣！可是其危險情況也可謂極矣！有位藝人因此喪失了性命。所以，新中國一成立，政府命令取消了幾種危險、不人道的雜技、魔術節目。諸如「三上吊」、「滾釘板」、「吞球」等。

油錘貫頂

這是個大家比較熟悉的硬氣功表演項目。

通常情況是一位表演者在運過氣後，雙手抬起一摞磚，一般是四、五塊，也有六塊的，七塊以上很少見，放在自己的頭頂，以雙手固定，一位助手掄一把大錘上場，朝著表演者頭上砸下去，只聽「嘣」的一聲，磚被打碎了，而頭頂磚的人卻安然無恙。

偶有失誤，有三種情況，一是磚碎以後，表演者頭上流血，頭被蹭破了皮；二是磚只碎了一層，下邊的完好無損；三是錘打偏了，傷了人。第一種情況是因為用力不當造成的，與表演者缺乏鍛鍊也有一定關係。第二種是力太小造成的，也與事先準備不足有關。第三種的責任全在打錘人身上。所以現場表演很少有人當場請生人上來主錘。有時看上去是當場從台下找了個人上來打，其實那是早選好的自己人。

頭頂開磚很容易表演，任何一個健康的成年人，包括女子都可以。看上去很嚇人的大鐵錘，落到磚上以後，人的頭部所感受到的力量是很弱的，完全可以承受得了。

當然，要表演得出色，還離不開技巧和鍛鍊。

技巧之一就是頭頂上四塊中的底層兩塊磚經過了一點「加工處理」，其方法是用小鋼鋸將紅磚攔腰鋸一個深未及底的口子，然後用紅磚末調成的泥再抹上去。這種磚只有一個邊是連著的，遇到很小的力的震動便會斷開。

當然也有表演者練久了有較高耐受力，不做手腳也可以一次擊碎四塊磚。

鐵棍擊頭

表演者用鐵棍打擊自己的頭部直到把鐵棍打彎。這一暴力動作看上去的確很驚險，人體難以承受，其實在道具和打法上都有竅門。

被用來打彎的鐵棍，中間一段退足了火，稍一用力，中間退過火的地方就彎了。兩頭沒有退火，還是很硬，所以他總是手握鐵棍中間彎了的地方，把沒有退過火、硬的地方讓別人去扳和踩，鐵棍始終不彎。若把整個鐵棍交給觀衆，只要手握鐵棍兩頭稍用力，鐵棍中間部分就會彎。在用鐵棍打自己肚子的時候，手握鐵棍一頭，揮動的幅度要大，即將接觸到身體時，手上要收力，讓身體主動去迎鐵棍。這樣受到的力不會大，正是身體所承受得住的，連痛感都不會有。

再說得準確一點，鐵棍不是被打彎的，而是被大幅度地揮動甩彎的。即便拿著鐵棍在空中揮動，不接觸任何物體，空揮十幾下也能把鐵棍甩彎。

呑寶劍

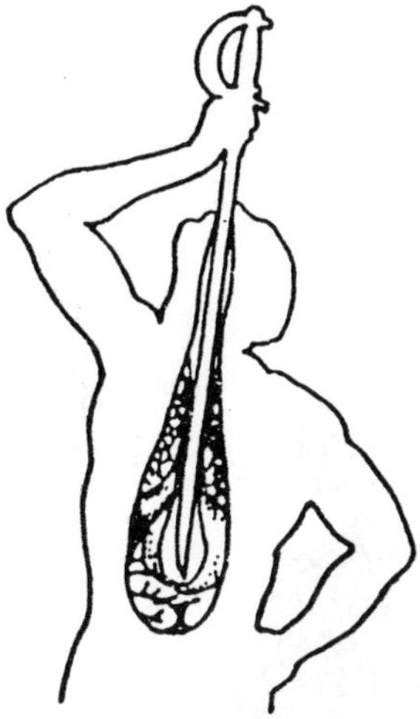

圖87　呑劍原理示意圖

表演者脫去上衣，赤膊露體，裝模作樣地運氣、練功之後，把一柄長劍交四周觀衆過手檢查。劍長五十公分，係鋼條冶煉而成，柄上套有兩個可以碰撞出聲的薄鐵環，用以增加演出氣氛。接著，表演者用酒精棉球把劍拭擦乾淨後，仰首張口將劍向嘴裡慢慢地插下去，直到只剩下劍柄為止。有時，還可以接著並排地再插入第二把劍。末了，呑劍者把劍逐步退出，最後一瞬，突然抽劍扔

圖88　清代民間戲法藝人表演

向空中，任其落下，觸地發金石之聲。

嚴格說這不應該叫「魔術」，而是一種有損於自身健康的「苦刑術」。人的口腔連著咽部、食道，再經賁門而入胃。成年人從牙齒到賁門的距離一般約四十五公分，吞劍者只要把這柄沒有刃口的劍，經咽部插入食道裡去，三十三公分長的劍身是完全容納得下的（圖87）。這和醫生給病人作食道鏡、胃鏡檢查是一個道理。只是醫療檢查胃鏡必須嚴格消毒，給咽部噴粘膜痲醉劑，以使其反射消失。否則，異物一接觸咽部就會引起噁心，甚至嘔吐。為了鍛鍊這種適應能力，表演者需作長時間的訓練，每天都用一雙筷子放進口裡去刺激咽部，日久天長，習慣後就不再噁心了，也就可以試著把筷子插進自己的食道（千萬別誤入氣管）。所以，這是一種痛苦而又不衛生的訓練，有害於健康。因此也不宜提倡。

利舌劃刃與劙臂不傷

古代展示劃舌復原一類的節目，是要把舌頭真的劃破，讓血流出來，隨後再上藥使之復原，以此來宣揚自己的奇能異技，並證明自己推銷的藥物確有奇效，《鶡幻滙編》中曾介紹過一些方法，摘引兩則可見一斑。後來，藝人們變得更聰明了，不再真動刀子割開自己的手臂，而是在改革道具上做文章。刀刺活人、割鼻子、大卸八塊都是採取在刀上做「門子」，來顯示刀刺不傷的奇蹟。

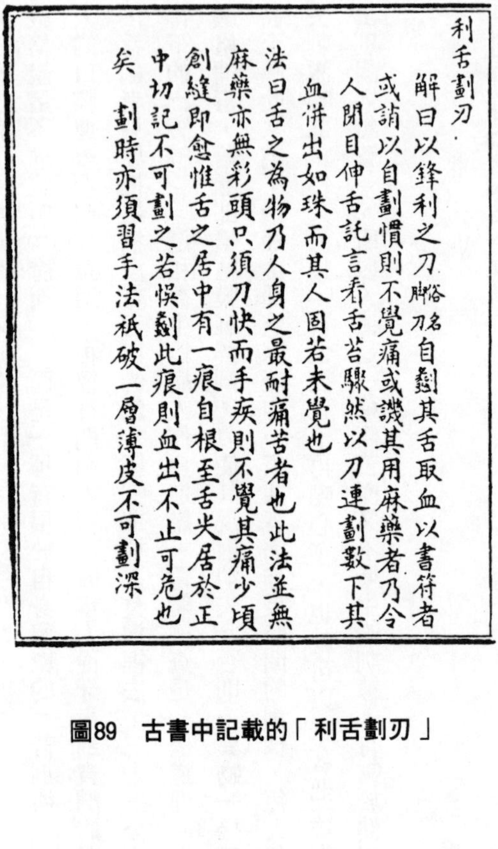

利舌劃刃

解曰以鋒利之刃（俗名腳刀）自剟其舌取血以書符者或請以自劃慣則不覺痛或識其用麻藥者乃令人閉目伸舌託言看舌苔驟然以刃連劃數下其血迸出如珠而其人固若未覺也

法曰舌之為物乃人身之最耐痛苦者也此法並無麻藥亦無彩頭只須刃快而手疾則不覺其痛少頃創縫即愈惟舌之居中有一痕自根至舌尖居於正中切記不可劃之若悞剟此痕則血出不止可危也矣

劃時亦須習手法祇破一層薄皮不可劃深

圖89 古書中記載的「利舌劃刃」

劙臂不傷
解曰售膏藥而先以刀自劙其臂即以膏藥貼之
其血頓止然後售藥
法曰此即前所云肯子圖也其止血之功非關膏藥
之力乃用巴豆霜罨搽少許於膏藥上則其血立止
矣有患傷者當面貼之少頃扯下則有傷血及寒痰
拔出在膏藥上者乃預藏於膏藥之內其血則豬血
寒痰即榆樹根皮之汁也

圖90　古書中記載的「劙臂不傷」

刀刺活人

表演者只穿運動背心，光著兩膀，毫無夾帶其它物品的可能。他由地上拾起一把明亮鋒利的七首，聲言要刺穿自己的左肘，然後敷上什麼祖傳的金槍秘方，就立即痊癒……。說著，把七首丟下，用一塊手巾將左腕部紮緊，再作一翻吹噓擺扎後，拾起七首對準其肘大喊：「一、二、三！」頓時鮮血湧出，左肘果然已被戳穿。他把穿有七首的左肘伸到圍觀者面前讓人查看，甚至允許人們用手去搖動七首把，以證明七首的尖和柄確係整體。

說穿了，表演者有樣式全同

的真假兩把匕首。假匕首的刀葉子在距離刀把一寸遠的地方鋸斷成兩半截，另用一根弧形具有一定彈性的鋼條焊接相連（圖91），在刀柄裡注有紅色混濁液體冒充血液，開關門子也設在把上，這把假刀事先放在地攤上的手提包裡，真刀則擺在攤上。表演者總是要先進行大量的遊說和比試，使大家相信他確實能夠一刀捅過去。

接著，突然誇獎他的金槍刀傷藥如何了不得，便把匕首丟進提包裡去。第到宣布扎刀開始時再去摸出假匕首。在喊「一、二、三」的同時，左右雙手一起作大弧度的擺動，借以攪亂觀眾的視線。到「三」字喊出口時，假刀已經嵌入手肘，匕首把裡的「鮮血」同時擠出。此時右手得緊緊握著左腕，給人以既減痛又止血的印象，並借此把連接的鋼條隱藏在手巾之下。這種能當面過眼和過手的表演，看起來十分逼真。

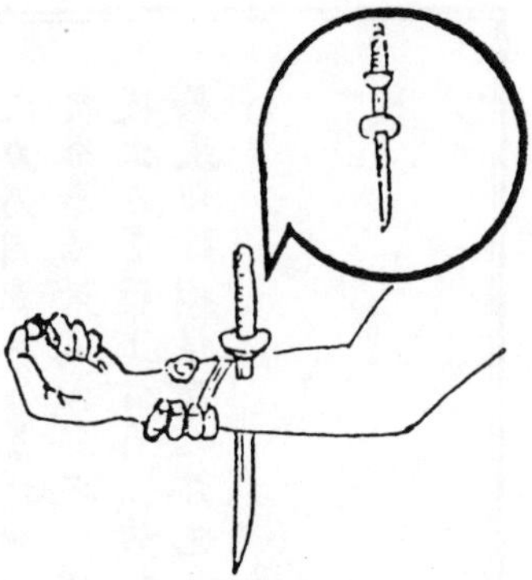

圖91　刀刺活人的竅門

割鼻子

類似「刀刺活人」的魔術，在西歐也很流行，割鼻子的方法與刀刺活人是一樣的。

表演者隨身揹著一個布袋，裡面裝的是杯子、骰子、紙牌、刀子、釘子、繩子，還有一個簡陋的木偶，中世紀變魔術的雜耍藝人就是這樣從一個城鎮走到另一個城鎮。

表演者從裝道具的布袋裡拿出一副紙牌，變上幾套初級紙牌魔術，或者把一根繩子割成幾段，繼而又使它們天衣無縫地接成一根。他們雖然還不會演隱遁魔術，但已能使木偶不翼而飛，他們手中也有一些頗有刺激性的「壓軸戲」，比如使一根繩子穿過鼻子或舌頭，或將一把刀子戳進大腿等等。

有一個很受歡迎的節目叫「割鼻子」。表演這一節目的道具是一把特殊的刀，在刀子中間靠刀刃的一側有一個半圓形的缺口（圖92）。

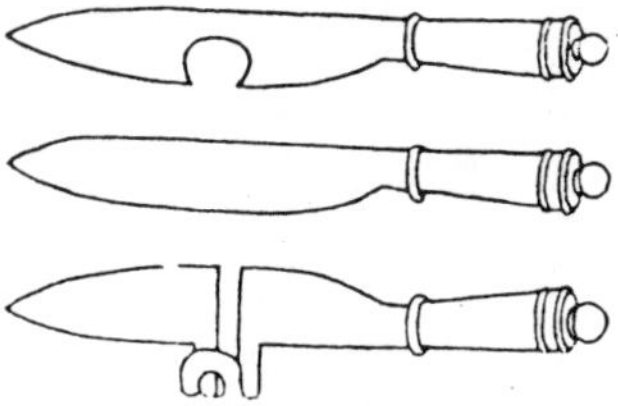

圖92　割鼻刀

表演時，用手指捏住缺口，不讓觀眾看見，然後將刀子靠近鼻子，拿刀的手挨著鼻子作小幅度移動（即不超出缺口範圍），表示正在切割，同時把刀慢慢推進去。為突出演出效果，有的表演者用另一隻手拿著一塊海綿在刀和鼻子的接觸處將動物血或紅色液體擠出來，觀眾看了信以為真。

最後退出刀子，嘴裡念著咒語，用一塊濕布將鼻子上的「血」擦掉，鼻子的傷口便癒合了。同樣的方法還可表演割舌頭或針刺舌頭。

鐵釘入鼻

表演者把六至十公分長的普通釘子，一根根的放進自己鼻孔裡，消失了。也有從左鼻孔插進，右鼻孔抽出的……。

觀看者都感到十分驚異。

其實說穿了很簡單。每個人的鼻孔後面都有上、中、下三條鼻道，向後通到咽部。這個解剖上的空隙足夠放進約八公分長的釘子。問題在於鼻腔內的黏膜敏感，其上毛細血管豐富，更有不少鼻毛，借以過濾，並溫暖、濕潤從外界吸入的空氣。為了防止異物進入呼吸道，稍稍捅下鼻孔就會反射性的引起打噴嚏。

要演出這個節目，表演者必然要用異物去反覆刺激鼻孔和鼻道，形成適應。這就有更多的機會帶來對鼻黏膜的損傷或感染，發生鼻黏膜炎。雖然有的表演者改用塑料或象骨簽子，並在演出前先用酒精消毒，但是機械刺激造成的損傷仍在所難免，從表演者的健康出發，這個節目應該廢棄！

鋼刀不入

表演者用一根筷子豎放在自己的肚子上，一隻手扶住筷子，另一隻手拿一把三尺多長的大刀，將刀刃對準肚子上的筷子，徒弟揮動鐵錘打刀背，一連好幾錘，肚子上的筷子斷了，表演者的肚子沒事。表演者可以把刀交給觀衆看，刀刃非常鋒利，用來削蘿蔔，一削蘿蔔就斷。

這個「鋼刀不入」的竅門，主要靠力學原理，充其量是有點小經驗。

我們不妨做幾個小實驗。買一塊豬肉，讓兩個人用手拉著豬肉，使豬肉懸空。這時再用一把鋒利的菜刀，將刀刃放在豬肉上，把菜刀扶穩，另一個人揮動大錘，使勁打菜刀背。打的時候直上直落，鐵錘落上刀背後不能有拖動的動作。當然，所謂使勁，也不意味下死勁。這個勁足以揮動鐵錘，下落時稍微收點力，以免下落過急，將刀打得挪動。這樣打過十幾錘再把菜刀拿下，肉上不會留下刀痕。假設這塊肉是人體的話，那麼經過這樣打也並沒有破損。表演者的肚子，就像這塊被懸著的肉。

假如不讓兩個人拉著肉，而是把肉放在案板上，然後架上刀用錘打。打過後再檢查肉，就有可能在豬肉上找到刀口。為什麼？案板是硬的，錘子打的力量得不到分散。

假如拿著刀在肉上像拉鋸似的來回拉，這用不著花多少氣力，不但在肉上留下刀口，而且能把大塊肉一分為二。

通過這樣幾個試驗，讀者不難明白表演者的「鋼刀不入」了吧？

表演者把刀刃放在肚子上，用鐵錘敲打刀背，當鐵錘快接觸刀背時，表演者扶的手主動提刀去迎鐵錘，當刀刃與肚皮接觸後，再吸氣收腹，實際肚皮上所受到的刀刃的力極小，不足以傷害皮膚。打錘的又是自己人，把鐵錘舞動得很高，下落時再收力，鐵錘與刀背撞擊的響聲，有一大部分是表演者用刀背去迎擊鐵錘所發出的聲音。這猶如俗話所說：雷聲大，雨點小。

刀砍不傷

表演者運氣過後，操起一把大刀，有月牙狀的，三角狀的，也有方形的。但都有一個共同點：即刃口比較長，看上去很鋒利，寒氣襲人。

表演開始，表演者一般都舉起刀來，在案板上剁斷五根木筷，讓被砍斷的木筷飛落一地，也有的表演者猛然躍起，操刀砍下兩根指頭粗細的樹枝。削蘿蔔、剁木頭就更常見了。總之，表演者在把刀砍向自己的身體之前，都要搞一點「削鐵如泥，吹毛立斷」式的操演，讓觀衆的心收緊，相信這把刀是鋒利無比的。

接下來，表演者玩「真」的了。

把上身的衣服脫光，露出一身子的腱子肉，尤其是胸大肌高高繃起，表現出一股雄悍的男人氣。

表演者揮起大刀，死命地朝左胸砍去，人們只聽見「嗵嗵嗵」直響，可是表演者的胸上除了有點紅以外，連一點傷痕也不見。等表演者表演完了，人們上前察看，更是驚訝不已：刀砍不傷，是真的！

稍休息了一會的表演者又向人們道：「這次是我自己砍的，不算數，這一回請觀衆上來砍。」

一位小伙子站了出來說：「我試試！」

表演者抖動雙臂運氣於腹胸之上。片刻，示意小伙子「可以砍了」。小伙子先在表演者肚子上輕輕沾了一下。

表演者再次示意：「砍吧，沒事兒。」小伙子真的砍了起來，由輕至重，人們只聽見響聲，膽小的人閉上了眼睛不敢看。連砍了十來下後，最後小伙子把刀舉得高高的，使勁砍了幾下，刀像砍在汽車輪胎上一樣，一次次被彈了回來。

究竟這個表演是真是假呢？說穿了，刀是假的。人們可能會問，既然刀是假的為什麼可以砍斷一捆竹筷，砍下一根樹枝？

這是因為刀尖處一部分是鋒利的，而其它部分則是鈍的。接觸表演者身體的是鈍的部分。打的時候也有技巧。看似重打，實則輕打，人群中站出的小伙子是表演者的搭檔，兩人的配合已不知演練過多少次了。

腹上破石

表演者仰面朝天，躺在地上，也有人橫躺在二條長凳之間，腰背部不著凳子，腹上放一塊大石頭，通常是五、六個、七、八個小伙子「吭唷吭唷」抬上來的，然後，由一名助手揮起十八磅大錘猛力擊打石塊，大石頭應聲而切斷，表演者從地上蹦起來，安然無恙。

表演是激動人心的，一般人難以理解，為什麼人的身體會承受那麼大的力，連石頭都碎了，人卻沒事，不由得感嘆氣功的威力與神奇。

其實，這個表演與氣功沒一點關係，過去闖江湖的人多用它來混飯吃，冒充「祖傳功夫」，只是近年氣功走紅，這些江湖術士才把它說成是硬氣功，不僅蒙了國人，唬得老外更是大眼兒瞪小眼兒。

這個表演的奧妙主要是：

一、石頭的選擇　石頭均是行家事先選好的。一要脆，容易斷裂；二要寬厚合適，寬大為好，厚度宜在十公分左右；三要重量適宜，一般不超過一五〇公斤。那種軟質，發糟的石頭，看上去好打，其實不易斷開，所以，表演者多棄之不要。據一些老石匠的經驗，凡是做墓碑刻字時，感覺石質細膩，刻出的字見棱見角效果好的石頭，往往就是剛而脆的，用來表演最合適。

二、擊打的方法　以短促有力為主，力要大，要猛，擊到石面後，迅即收回，即行家們常說的點到為止，這裡的核心是「力」和「短」。在表現形式上，使觀衆感到掌錘人用盡了全身的力氣，其實那是個藝術誇張，錘子落下去多大的力量合適，執錘者心裡和手下是有準的。

三、表演者的技巧　在錘子落下來之前的一瞬間，表演者應凹腹挺胸，用力向上拱，錘子落下時，更要挺住。

這個表演項目的道理與頭頂開磚的道理是一樣的。

睡釘板

睡釘板有兩種表演形式。一塊木板上釘許多鐵釘，將鐵釘的釘頭朝上，這就是釘板。表

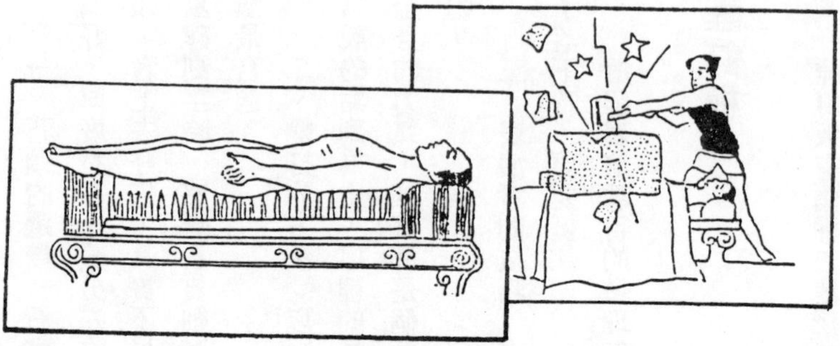

圖93　睡釘板

演者袒露上身，穿短褲或練功褲，腰間束一根釘著許多銅釘的寬皮帶，形象上顯得威武。表演者仰著躺在釘板上，身上放一塊木板，木板上站上十幾個人。表演者身上的壓力不下於千斤，而身下的釘板既不會刺進表演者的肉裡，甚至不刺傷皮膚，最多在背上留下幾個印痕。有時，表演者的身上蓋著條石，也不少於六、七百斤重，條石上再站五、六個人，壓力還是在千斤以上。站在條石上的人下來以後，由助手舉起鐵錘去錘打石塊，將蓋在身上的石塊打碎，表演者身體還是安然無恙。

睡釘板的竅門首先在鐵釘的密集度上。

鐵釘的密集度相當大，平均一～二公分間距就要有一根鐵釘。另外，每根鐵釘的釘尖，幾乎是處於同一水平面。這樣表演者所睡的釘板，實際上已經是由密集的釘頭所組成的平面。表演時身上蓋有一塊木板或石板，一部分力量在表演者的肚子上，而這個部位與釘板接觸的又是腰間的寬皮帶；另一部分的力量，落在表演者的胸口，而在胸口的力量，又有表演者雙手支撐分擔，所以後背落在釘板上的壓力，實際上是很少的。釘板絲毫也傷不了後背（圖93）。

吞瓷碗玻璃

表演者當眾將一個瓷碗打碎，請觀眾上前辨認是否有詐。大家一擁上前，拾起地上的白瓷片看了看，千真萬確，是真的，大家表示無詐。

「好」，表演者揮動著胳膊，讓肌肉綳緊，運氣發功，又勒緊褲腰帶，口腔也進入運動狀態，念念有辭。接著當眾拾起一塊白瓷碗碎片，放在右手食指拇指間，比劃了一下，意思是讓大家看個究竟，然後，猛地張開大口，把破瓷碗碎片送入口中，「嘎喘嘎喘」地嚼了起來。嚼了一會兒，他又張開口，讓大家看口中被咬成碎屑的瓷碗片，然後，端起桌上的水杯，一揚脖，送下一口水去，似很困難地吞了下去，徒他再張開嘴的時候，滿口的瓷碗片已經沒有了。還有一種表演是不嚼的，直接咽下肚。

與口嚼瓷碗、口吞瓷碗相近的表演，還有一種吃燈泡的表演。

取一個百瓦以內的白熾燈燈泡，當眾碎了，拾起其中一塊玻璃片，放進嘴裡，然後用舌頭托著，伸出來讓大家仔細看，眾人看得十分真切，那鋒利的薄片的確在舌尖上。接著，將這用手一抓都會流血的玩藝吃到肚子裡邊去，簡直不可思議。

人們不禁要問：表演者是真的吞下去了嗎？這中間有什麼竅門兒和名堂呢？

表演者嚼東西是真的，水往下送東西也是真的。但是，這個「東西」不是瓷碗碎片，而是另外一種事先準備好的可以替代白瓷碗片的東西。做假的方法主要是兩種，一是在摔碗之前，把這片東西放在手上，待裝作從地上拾碎片時，再拿出來。但是這片東西在展示給眾人看的時候，不能拿出來，尤其不能讓觀眾用手去摸。先讓觀眾摸真的，最後一

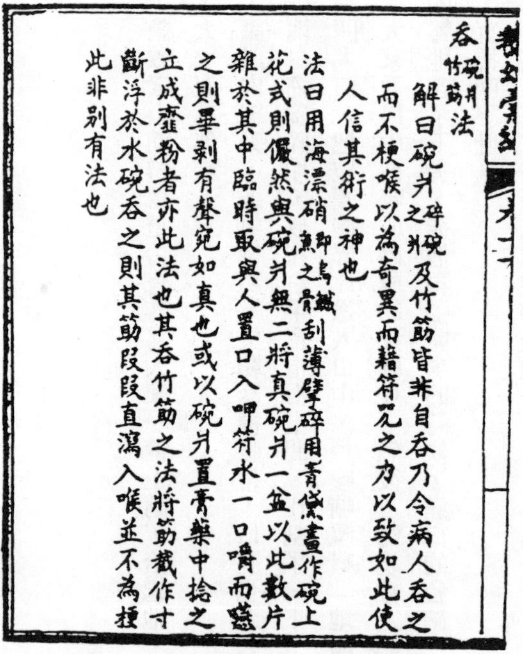
呑碗片竹筯法

解曰碗片碎碗之片及竹筯皆非自呑乃令病人呑之而不梗喉以為奇異而藉符咒之力以致如此使人信其術之神也

法曰用海漂硝即烏鰂魚之骨刮薄擘碎用青黛畫作碗上花式則儼然與碗片無二將真碗片一盆以此數片雜於其中臨時取與人置口入呷符水一口嚼而嚥之則畢剝有聲宛如真也或以碗片置青藥中捨之立成虀粉者亦此法也其呑竹筯之法將筯截作寸斷浮於水碗呑之則其筯段段直瀉入喉並不為梗此非別有法也

圖94　古籍中記載的「呑碗片法」

次要入口了，在遠離觀衆的地方，把這片東西放在食指拇指之間展示給大家看。二是把這片東西放在事先準備好的碎碗片中，到了人前，再摔一個真碗，這樣，觀衆只要不是上前用手數著仔細找，一般是不易發現其中有假的。

這種東西叫海螵蛸，中藥店有售。

海螵蛸這種東西，色白，其質如同瓷器一樣。事先把它做好了，弄成破碗片子的形狀，足以以假亂真。

也有真吞瓷片或玻璃片的。但這種表演是沒什麽危險的。

醫學家告訴人們，正常成年人食道、賁門、幽門、小腸、肛門等人體關隘可以安然通過三至四公分的東西，表演者吞下的瓷碗片或玻璃，一般直徑在二公分左右，而且選的棱角不明顯，圓乎乎的瓷碗片、玻璃。

在進行這種表演前，表演者事先要吃一些韭菜一類纖維較長，較多的食物，使吞下去的東西被裹在食物內，避免劃傷腸道。

人的腸道裡邊有許多油脂，很滑，不容易掛住東西或劃破。萬一大腸道上留了一個小口子，也很容易癒合。

但是，吞進去這樣的東西，畢竟是不舒服的，而且，下咽時需要極大的勇氣，即使有許多人知道了這個道理，也因為缺乏膽量而告失敗。

然而，勇氣並非氣功。

入絞不死

廣場上，一位表演者指揮觀衆拾起地上的粗繩子，他在繩子中央打了一個結，然後讓繩子兩邊的人同時拉緊。

「俺說，這硬氣功最硬，比火車勁還大哩，現在一邊二十個人，一共四十個人，從兩邊拉緊繩勒俺一個人，勒俺的脖梗，放心，死不了。」表演者說。

「用汽車行不行？」觀衆中有人喊。

「行。」

繩子很長，一邊站了不止二十個人，都是些好奇心強又有一把力氣的小伙子。特別是那些民工們最來情緒了。

兩邊的自願者像運動會上拔河運動員一樣，每個人站好了位，並各方選出了指揮，指揮手中擎著小棍，煞有介事，「預備」，兩邊的人馬上拽起了繩子。

這時的表演者閉目凝神，兩手捂在下腹丹田處，嘴唇微動，像是在叨咕什麽可又聽不見。只見他上身下伏，兩腿馬步下沈，兩手併攏前伸，兩個食指併在一塊，口中呼呼開始喘粗氣。

大家十分安靜，目光全集中在他的身上。

他一步一步走到繩子中央，右手拿起繩子，在中間部位迅速挽了一個結，一低頭，把腦袋伸了進去。然後揮手示意：開始！

兩個指揮一揮手中小棍，幾十號人從兩邊拼命地拉了起來，就在繩子綳緊的一刹那，表演者像腳下一滑一樣，身子彎了下去。

只見他中間兩手扣住脖子上的繩子，雙目圓睜，臉色脹紅，全身的肌肉都綳了起來，在中間拼命掙扎，腳下的塵土都被他踏得飛了起來。

兩邊的人依然一、二、三，加油，一、二、三，加油。

「太殘忍了！」觀衆中有人說。

有的女性捂上了眼睛。

也有人嚇得驚叫起來。

大約過了二分鐘，一邊吃不住勁了，被另一方拽出了五六米，不知是哪方鬆了手，地上人倒了一片。

表演者也倒了，可是他像雜技演員一樣，一個滾翻就站了起來，似無疲憊痛苦之狀。

人們一湧上前。他伸出脖子給大家看，除了一片紅色摩擦過的痕跡之外，沒有更多的「

烙印」。

「入絞不死」是有門道的。主要門道在繩子的結上。

表演者用繩子打結，大有學問，有的結越拉越緊，有的結一拉就鬆，打的是個「雙結扣」，不論兩邊有多大的力量，他在另一個結中都是平安無事的，這裡沒有任何氣功，不過是一個很簡單的江湖術而已。

鋼槍刺喉

硬氣功中的「鋼槍刺喉」可能很多人都看過。

被氣功師用來表演的槍，都是通常的紅纓槍。那種槍頭不是十分尖銳的，要比標槍的槍頭鈍得多。

最關鍵的是槍桿必須是軟的，富有彈性，一般都選用山藤做槍桿。

為什麼軟槍桿是關鍵呢?因為它可以分散和轉移力。

當表演者將槍頭抵住自己的咽喉，助手握著槍柄發力「頂」的時候，首先是將槍柄往下壓，而不是往前頂，只有當槍柄變彎後，才敢往前頂。槍柄變彎後，助手往前頂的力量越大，槍柄的彎曲度就越大，最後槍柄能變成弓形。

槍柄變彎後，這時與氣功師咽喉接觸的已經不是槍頭的尖，而是槍頭平扁的面，就不會刺痛咽喉了。

汽車過橋

表演者先躺倒在地上，在他肚子上放一塊有八、九公尺長的厚木板。木板的正中央在表演者的肚子上，厚木板的兩頭懸空，有點像孩子遊戲的翹翹板。大卡車開來時，助手將翹翹板的一頭壓下，讓汽車前輪壓住。然後大卡車的兩個輪子在厚木板上，另外兩個輪子在地上，就這樣從表演者的肚子上開過。

如果再說得細一點，卡車剛開上木板時，木板的中間擱在表演者的肚子上，木板的另一頭擱在地上，由於木板高出地面，所以車身向地面傾斜。汽車傾斜著往前，越接近表演者的肚子，車身的傾斜度越大，當汽車的前輪碾過表演者的肚子時，肚子上的木板有十分短暫的時間兩頭都懸空，但很快木板的另一頭又著地了。

假定從汽車前輪壓上木板開始，到汽車後輪碾過表演者肚子，開過木板這個過程為五分鐘，那麼木板兩頭都懸空的時間不會超過兩秒鐘。假定卡車連人為三噸重，當汽車開上木板後車身由於左右輪的高度不同，就開始傾斜，也就是說車重的大部分壓力都在地面，只有很少一部分落在木板上。而木板上所受到的力，由於著地一頭的支點近，所以受力大，表演者肚子上的一頭支點遠，受力小。

表演者肚子上受力最大時，就是木板兩頭懸空的瞬間，而這時又恰恰是車身傾斜度最大的時候，也就是說汽車的大部分重量都落在地面。表演者肚子上受力最大的瞬間，也不會超過五〇〇斤。另外，表演者的雙手托住木板，也分擔了大部分壓力。

由此可知，表演者肚子上所受到的最大壓力，是一般正常人體所能承受的，不會造成任何傷害。車開過，其壓力就更小了。

入火不焦

首先出現在觀衆眼前的是一根手指般粗的放入爐火中燒過的鐵棍，其上的火星霹霹叭叭直濺。

只見表演者凝視鐵棍，做了一個亮相的動作，左右手交錯在額上髮際處捋了一下，然後，大喝一聲，「哈！」右手鉗住鐵夾子，左手在鐵棍上一捋，只聽「滋啦」一聲，紅色的鐵棍顏色立刻暗了下來，青色的油煙直冒，緊接著，他又左手鉗住鐵夾子，右手在鐵棍上一捋，又是「滋啦」一聲，青白色的油煙直冒，緊接著，他又左手鉗住鐵夾子，右手在鐵棍上一

三光鞭法

解曰以鐵造成尺餘長如手指粗其頭上作蛇頭形其柄有數鐵環將頭置炭火內燒之使紅以舌就之作清烟灼然有聲而舌無損

法曰此亦祝由家藉以為神通者名曰三光鞭其初試時用石榴皮煎濃汁先擦舌上則麻木而不覺其苦久之則祇須以唾津聚於舌尖蓋胆漸大而手漸活敃然之間以舌一舐固無妨碍也

圖95　古籍中記載的「觸火不焦」

捋，又是「滋啦」一聲，青白色的油煙又現出一片。空氣中隱約彌漫一股焦糊味。

表演者伸出雙手給大家看，只見除了手心和四指中間處有一些黑色之外，其餘處竟沒有一點燙燒傷的痕跡。

太神了！人們驚異。

其實，手捋紅鐵棍表演起來再容易不過了，只要有膽量，按要求去做，一定會成功。

當燒紅的鐵棍從爐子裡鉗出，您將右手拇指以外的四指併攏，然後抓住紅鐵棍一端，以極快的速度捋向另一端，除了手心有點燙，沾上一些黑色之外，沒有忍受不了的痛苦。

原來，這種驚險的表演竟是如此容易。

注意，拇指以外的四指在捋的過程中一定要併攏，不得分開，否則會失敗。因為捋時濺起的火星進入手指縫裡，手指縫的細皮嫩肉會承受不住的。

為了表演時發出那「滋啦滋啦」的響聲和灰白色的油煙四起的效果，可事先在自己的鬢角抹凡士林，捋之前，做一套亮相動作，很自然地用手分別捋一下鬢角，這樣，手心便抹了一層凡士林，當凡士林與燒紅的鐵棍相接觸後，「滋啦」的聲音和嗆人的油煙味自然會出來。凡士林還具有保護手的作用。

常人也可以手捋紅鐵棍，道理何在呢？

手上的表皮，並非每一個細胞都可以感受到熱刺激，只有某些神經細胞單元才能感覺到，並把這種訊號迅速反饋給大腦。這些神經單元細胞密布在人們的身體當中，人與熱源接觸面積越大，神經細胞單元進入工作狀態的就越多，反之亦然。

紅鐵棍雖然很熱，但人的手與之相接觸時，接觸面積並不大，因此，熱刺激尚可以忍受。況且，由於接觸只是一刹那間的事情，熱源還未及傳導入皮下，已脫離了接觸，這也是很關鍵的。

此外，人的四指上邊凸起的部分，由於經常攥東西，角化層也比較厚，比其它部位的耐受力要強。

如果表演前把手先在水裡蘸一下，就更萬無一失了。

手握紅鐵

將一根鐵鏈放在爐子裡燒，燒得通紅後用鐵鉗夾出放在一塊木板上，木板能燃燒起來。表演者讓兩個助手用鐵鉗夾住鐵鏈的兩頭拉開，他用運足氣的手，握住鐵鏈左右滑動，往返幾次，手上直冒青煙，但絲毫無損。這個表演，除了青煙是假的，不是手上皮被燒焦的青煙，其餘沒有任何假，有的只是一些竅門。

首先，表演者握住鐵鏈，決不可能是抓緊。如果緊緊抓住一根燒紅的鐵鏈，那連手上的骨頭都能燒起來，握的是空握，其實手並沒有直接與燒紅的鐵鏈接觸，只是在左右滑動的時候，手與燒紅的鐵鏈之間，才有短暫的接觸。動作要快，不宜慢，時間也不能長。冒青煙的竅門是手上沾有白醋，只要與燒紅的鐵鏈一接觸，就會冒出一陣青煙。

吃火與吐火

表演者手中拿一個鐵棍，鐵棍的一端纏著一團棉花。表演者將棉花團浸入汽油中，然後拿出，用打火機將浸油的棉團點燃。

表演者把鐵棍移至右手，舉起來看火勢正旺，一口氣吹上去，火舌立刻拉成一尺多長，噼噼叭叭，火勢生風，好厲害！

然而，表演者卻異常穩健，不動聲色。只見他拉開一個架式，運上一口氣，緩緩舉起手中的火團，舉至齊眉高，凝視於它，突然揮臂一甩，油火濺了一地。甩下之後，表演者又擎起火把，同時抬頭，口朝上，將火團移到嘴的附近。表演者的雙腳往外移了移，取半蹲式，口張得更大，火團漸近口腔，最後大部分放進了嘴裡。接著表演者一吹氣，火苗從口中噴出，足有一尺長，那情景真有一股子撼動人心的力量。

一秒、二秒、三秒、四秒、五秒、六秒……

熊熊燃燒的火在表演者的嘴裡停了十秒鐘！奇蹟！

火把取下，表演者張開嘴請人們看，一切如常。

這個表演的關鍵不是什麼功夫，甚至不是技巧，只要知道了個中暗道機關，人人都可以表演。

表演者鐵棍上的棉花團不是在汽油裡蘸了一下嗎？那不是汽油，而是煤油。煤油汽油差別大得多了，汽油燃燒四濺，煤油燃燒卻只往上走。只要表演者口朝上，燃燒的棉花團置於口的正中，完全可以保證不傷。

表演者曾拿著火棍使勁地甩，這個動作很關鍵，如果甩得不乾淨。有殘油滴落下來，那至少要將嘴燙起一個泡。所以，表演者在入口之前，一定要仔細查看是否有殘油。另外，表演者口中攢點唾液，輕輕地向外哈氣等等也是自我保護措施。

吃火炭

表演者手拿一根筷子，從燒得正旺的爐火中挾出一塊紅火炭。他吹一口氣，炭火上火星四濺。

表演者張開嘴，將這塊炭火送入口中，嘴唇輕輕動了幾下，繼之，大嚼起來，他張開嘴，牙齒上，舌頭上，全是黑色的炭灰。

表演者又從爐子裡挾出幾塊紅火炭，依次放入嘴中，嚼了起來。

茶水熱了一點，喝茶人嘴都會燙起泡，現在，表演者將紅火炭吃了進去，而且一連吃了幾個，這沒功夫是絕對做不到的。人們把這種神奇的效應歸之於氣功。

觀眾不可能知道，這塊炭火，不是煤炭，而是木炭。不是一般的木炭，而是特製的木炭。當然，不論什麼木質的炭，燒紅了，放到嘴裡都會燙人。但是木質不同，製作方法不同，其燙的感覺是不一樣的。

挾著放到嘴裡的木炭，是用最輕質的木頭燒製的。木質輕，說明木的結構鬆散，木質也軟。先把這種木頭劈成小塊放入爐中燒紅、燒透，然後取出放入冷水中浸泡，紅木炭就黑了。

表演時，將這種木炭投入到爐火中去，待其外表出現明火時挾出，用嘴一吹，火光閃閃，火星直濺。那火光不是炭火發出的，而是竹筷子的火。木炭表面是紅火，其內裡卻是黑心，所以挾在手上看一會，紅火漸退，再放入口中，用力一抿，事先多準備一點唾液，雖然也感到燙，但是可以忍受，而且燙只是一瞬間的事，木炭的黑心還是潮的，至少是沒有熱量。大口嚼起來，沒什麼特殊不適。

嚼完一塊紅火炭之後，滿口皆是濕炭灰，再吃第二塊。這些濕炭灰自動充當了保護層，所以，吃餘後幾塊時，就感覺不到燙了，只有一股熱氣。

嚼碎的炭灰不必吐出，可以咽下，有治胃病的意外效果。表演這個節目，有三個環節最為重要。

一、木質選擇。

二、加工要到家，不燒透不行，否則一見了火，沒燃盡的部分又燒起來，溫度太高就沒法演了，燒過了又不行，發白不見紅，演出效果不好。燒好的炭，要迅速放入水中，拿出來，不得曝曬，以防龜裂。只有加入爐中的炭是濕的情況下，這種炭才經得住爐火中燒，否則立刻化為灰燼。

三、要膽大心細，舌尖上盡可能多攢一點唾液，放入口中那一瞬間，上腭與舌及牙齒一齊開動，動作越突然越用力越好，頃刻將外紅內黑、外熱內潮的火炭抿成碎末。

油鍋摸錢

「油鍋摸錢」這個節目，在民間被傳說成近乎魔法的「罩油鍋」。

用一大鍋油放在爐子上燒，為了證明鍋裡燒的是油，可以取出一勺油澆到火上，騰起的油煙和火花足以證明是油。油一直燒到翻滾，冒起一陣陣青煙，再將二十個硬幣丟入油鍋，表演者將手伸進正在滾動、冒著青煙的熱油裡，一枚一枚硬幣摸出來。這表明表演者的手極為特殊，放在滾油裡煎，也毫不在乎。

該項表演的竅門在醋上。那一大鍋油中，至少有半斤以上的醋。醋的比重大，在鍋底，油的比重輕，浮在上面。所以觀眾能看到的確實是油，用勺子從鍋裡取出的也是油。醋受熱後變成氣體，從油裡往上冒，使油滾動，並且有青煙。當表演者伸手往油鍋去取硬幣時，油鍋上面的油還是涼的。

鍋裡的醋要適量，不能太多，稍微受熱後就汽化蒸發，當油鍋翻滾、青煙直冒時，鍋底的醋已所剩無幾，而鍋底的油這時候不太熱，手伸進去正舒服。當然醋也不能過少，少了頂不動油，冒不出青煙，造不成氣勢。再說，醋過少，剛燒油鍋就滾動，就冒煙，容易引起懷疑。另外燒油的火不宜用煤，煤燃燒的溫度高，使醋氣化得過快，也容易使觀衆產生懷疑。用軟木材浸油，燒出來的火勢大，但溫度不高，要燒較長時間醋才會汽化。所有這些經驗，都是表演者在千百次實踐中積累起來的，並且不斷改進，不斷完善，才使無數目擊者信以為真。

燈管懸人

表演者懸吊在一根吊在紙上的日光燈上，這個表演令觀衆非常驚異，除了氣功、特異功能能夠辦到外，還有什麼神奇的力量能做到呢？於是，人們只有把這種奇跡歸之於神秘的氣功。

其實，這與氣功毫無關係。

首先，這個日光燈是經過一點特殊安裝的。在日光燈管上方，用人力固定住一根粗鐵棍（木棍也行），然後，將已套好的紙杯連在這根鐵棍與燈管上。

當表演者抽出燈管給衆人看，燈管上看不出什麼秘密，只是一般的日光燈管。

此後，表演者又遞一塊紙給觀衆，讓觀衆隨手撕下一塊，只聽得「哧哧」的撕紙聲，以為這就是一般的白紙，其實，這是一種強度（抗拉）很高的白板紙。撕的時候，很容易，而拉就不容易拉斷了。

這個白板紙連成紙環是事先做好的，若當場膠水不乾，就會誤事。用膠黏合的時候，紙的接頭處重合的部分一般在三至五公分寬，這樣，用力拉的時候，這個地方才不容易斷開。

僅僅解決了紙的問題，人上去還是經不住，表演也會失敗，這中間還有另外兩個奧妙。

一是表演者將雙手攥住燈管用力時，攥的位置大有學問。攥在兩頭或中間，都不行，燈管會因吃不住勁而斷裂，最佳的位置是紙板的旁邊，在靠近紙板的這個位置，燈管所能承受的力量最大。動力＝動力矩×動力臂，阻力＝阻力矩×阻力臂。表演者手攥的位置到紙帶的長度，就是一個阻力臂，在人的體重一定的情況下，這個力臂越短，燈管本身所承受的力量就越小，反之亦然。

二是表演者在雙手攥住燈管雙腳離地之前，一定要慢慢加力，越慢越好，初次演示時，失敗者多在這個環節失手。若控制得法，表演者身體重量轉移到燈管上以後，還可以做轉體動作。

體重在一二〇公斤以內的人，採用上述方法，可以很從容地表演這個節目，超出一二〇公斤在一五〇公斤，就困難一些了，若體重在一五〇公斤以上，就不適合表演了。

總之，吊燈管這種所謂「輕功表演」，只能說是借用魔術手段，使用障眼法所表現出的一種技巧。

火柴盒上站人

火柴盒上站人常歸為「輕功」表演項目，其實，這種表演的功夫不在什麼「提氣」，「改變身體重量」，而僅僅在於控制身體平衡的技巧。準確地說，這是一種與氣功無關的魔術門子及雜技平衡技巧。

表演用的火柴盒不同於我們一般的火柴盒，這種經過加工的火柴盒與一般的火柴盒外觀上相同，推開抽屜，也看不出火柴盒內的機關。

表演用的火柴盒是用一個三面的薄鐵皮把火柴盒裝進去，只留下一面劃火的皮和抽屜抽拉二側。不同的是鐵皮要更薄，最好用鋼片，要預先糊進火柴盒裡。

表演者踩的時候，要踩在暗藏三面鐵皮「門」字型的上邊，這樣，「門」下有兩個支撐面，全部力量均在其上，當然不會塌下來。

受過一點平衡訓練的人，完全可以站在一個經過加工過的火柴盒上而不倒。

踩雞蛋

表演者在五個雞蛋上來回走，如果沒有輕身法，雞蛋肯定要碎。難道雞蛋有假?不，請觀衆從五個雞蛋中任意拿出一個，當衆敲開，其實是普通雞蛋。

踩雞蛋的關鍵要備有軟性的蛋模子。托在雞蛋下面，既可以保持雞蛋豎立，又可以使雞蛋殼受力均匀，就是人有點晃動，雞蛋也不會破。只要能在一個雞蛋上站住，那麼在五個、十個雞蛋上走也就不成問題了。

踩氣球

表演踩氣球，一般人都是雙層氣球，也就是將兩個同樣大小的氣球套在一起，然後打氣，顏色相同，打足氣看不出是雙層。這種雙層汽球一般人都能表演。雖獨表演時不能讓觀衆試驗，因為說不定觀衆踩上去也不爆炸，那就不能說明表演者有輕身法了。

如果用單層氣球表演，要選厚薄均匀的氣球。氣球要選大號的，充氣不能過足，充到有中號氣球大小就可以。關鍵是人往氣球上踩要赤腳，儘可能加大腳與氣球的接觸面；人往氣球上站要慢，一點一點加力，直到把身體重量全壓到氣球上去；站在氣球上要保持身體平衡，腳下千萬不能晃動，腳下一晃氣球很容易爆炸。

踩單層氣球表演者都會請觀衆試驗，只要踩的人不慢慢加力，一腳踩上去準破。他們常請穿皮鞋的小男孩，哪怕體重輕，只要是硬底鞋，一腳踩上去就破。一般不找小女孩，因為小女孩膽小，她慢慢往上站，氣球不易破。

肉鐵相搏

表演者用一個指頭插進正在高速旋轉的電風扇葉片間，硬是把鐵扇葉片停下來，憋得電扇馬達「吱嘎、吱嘎」直響。表演者稱這功夫為硬氣功一指，也有人叫肉鐵相搏術。

這一「絕招」的秘訣就在於：手從電扇正面推進去，手指並沒有插在扇頁之間，而是與扇頁的斜面相摩擦，所以，手指沒有切斷之可能，看似驚險，其實小伎一個。

頭撞石碑

頭撞石碑的表演者絕大多數是有一點功夫的，即真的練過一陣子，腦門上可以承受的衝擊力比常人大得多。甭說石碑，就是在腦門上開磚（即那種兩手揮一塊整磚往自己腦門上砸下去磚斷人無恙的表演），也不是常人做得到的，確實需要進行特別訓練。但是這種訓練的本質是一種耐力訓練。先用木板往腦門上砸、力量由小到大，再用整磚往上砸，直至把紅磚砸碎，再用腦袋去頂沙袋，頂了小的，再頂大的，反覆訓練自己腦門的衝擊力的能力，不斷打破自己的生理極限。同時，不斷提高自己腰、背、頸等身體各部位在腦門受到這種衝擊力時的反應與協調能力。這樣，經過短至一個月，長至半年的訓練，絕大部分訓練者都可以掌握頭撞石碑的能力。

其實，一些本無功夫的人也以頭撞石碑作為他們的拿手好戲。

他們的功夫主要在石頭上做文章。

他們找石頭專要找風化的、糟爛的、要能一撞就破的。而後加以修復，裡邊填平補齊，外邊塗上白顏色，使之遠看上去像大理石。也有一種石頭，很硬，也很脆，不用在上邊做任何手腳，稍一用力就可以撞斷。這不僅與石質有關，也與石頭的受力點、石頭上的紋路走向、石頭的風化程度以及受過何種加工有關。

也有的表演者在石碑的後邊，放一鐵塊，石碑放在挨近鐵塊但並不接觸鐵塊的位置上，一有力量撞擊，石碑便磕在這塊鐵的堅硬邊沿上，石碑便斷裂了，人們以為是頭撞碎了石碑，其實是一種誤解。

玻璃杯碎磚

表演者手持玻璃杯上場。「請大家看看，這是一只玻璃杯，是一只普普通通的杯子，我現在要用這只杯子，把地上的磚打碎。」說著，表演者從地上又拾起一塊紅磚。

「是鋼化玻璃吧？」——台下不知是誰喊了一聲，引來一片不大的笑聲。

表演者略沈思了一下：「這樣吧，請講話的那位觀眾上來，試試是不是鋼化玻璃。」說話間，他從右手兜裡又掏出一個杯子，放在桌上。

一位觀眾上了台，從兩杯子中自選了一個，又操起地上的磚，可僵在那，不知怎麼打。

「打呀，打呀！」台下直喊。人們笑個不停。

這位觀眾像是壯了壯膽子，端著玻璃杯朝紅磚砸過去，玻璃杯應聲而碎，紅磚安然無恙。台下嘩然。

表演者踱步上前，雙手伸出來，朝桌上另一個杯子發了一會「氣」，而後操起這個杯子，緩緩地舉起，朝著這塊紅磚猛地砸了一下，紅磚應聲掉了一塊。杯子完好無損。

表演者倒吸一口氣，連續朝磚砸下去，噼哩叭啦，眨眼功夫，磚被打得粉身碎骨，玻璃杯仍然完好無損。

表演者故意把玻璃杯扔到水泥地上，只聽「叭」的一聲，玻璃杯碎了，它不是鋼化的。觀衆報以熱烈掌聲。

奧秘在哪呢？那位喊「鋼化玻璃」的觀衆，其懷疑態度是對的，可是因為不了解其中的奧妙，反倒幫了表演者的忙。這個表演，玻璃杯和紅磚沒有假，奧妙全在砸磚時巧用力點和表演技巧上。

這個技巧主要是三條。

①、砸磚的時候，只能用玻璃杯的底，手把著玻璃杯的幫兒，這種杯子要選底兒較厚的。

②、砸的角度很重要，最佳角度是豎起來的杯底兒與擊打的磚面成七十至八十度的角，即杯底斜打在磚面上，只以杯底外沿突出的部分與磚相接觸，這樣，磚雖硬，卻抵不住更硬的厚玻璃底兒。

③、著力點有講究，一塊磚拿在手裡，最容易打的部位不在中間，而在邊上。

手指鑽磚

手指鑽磚的表演比較多見，做偽辦法主要是兩種：

1. 障眼法

事先在磚上鑽好一個洞，這塊被加工過的磚放在表演現場一塊磚裡邊。表演者裝作隨意從地上拾起一塊磚，左手舉起向觀衆交待的是甲面，而用手指開鑽的是乙面。乙面根本就沒給觀衆看過。「鑽」的時候，他又吼又叫，磚粉不斷向地下抖落，其實這是洞裡預先放好的。這種表演，以表演者的手指捅破甲面那一層薄薄的磚皮即可。

2.澆注法

磚上事先鑽好一個洞，甲面只連一點皮，將磚的孔中注入磚面，要滿口；以蛋清、米湯、澱粉和紅磚末混合，調成糊狀，抹在乙面磚上，並晾乾。用這種做了手腳的磚表演，還有不成功的嗎？

青龍下海

一位表演者手裡拿著一根四寸長的大釘子讓人們看。人們看過之後，表演者對準釘子運氣後將釘子放在右手中，隨著一聲大吼，釘子被扎到了木板上，與錘子釘進去的釘子一樣。

接下來，表演者連連發功，「嘿嘿嘿」，一連用手插進去四根釘子。接著，他又運氣於掌上，「嘿嘿嘿」，用手從木板上拔下一根四寸釘子。氣功師一連拔出四根釘子。

前排觀衆看得真切，表演者手中除墊一塊小手絹外空無一物。

這個使人驚奇不已的表演，一旦桶破謎底，也就沒什麼新鮮了。這塊木板是選的輕軟、松質木料製作，譬如楊木，且經水泡過，釘子的尖部是磨了又磨的，十分尖銳。如此準備後，隨便一個青壯年漢子就能用手把釘子插進去。

插的方法是：釘帽頂位手心疊的小手絹上，釘身從中指和無名指中間伸出。無名指、中指併攏，右手緊握拳，用力往木板上一插即可。

將已插進去的釘子拔下來，靠的也是巧勁兒。插的和拔的並不是同一根釘子，要拔哪根，事先已準備好了。準備的方法是，釘進去以後，要鉗子來回搬，使之鬆動。待表演時，不要費什麼勁就拔下來了。

叼摩托車

一輛已發動起來、嗷嗷叫著的摩托車，上邊坐著一位駕駛員，看樣子，隨時準備衝出去。

表演者拿一條手帕上場。運氣發功過後，表演者把手帕拴在摩托車後邊，然後用嘴叼住手帕的另一邊，示意摩托車駕駛員向前開進。只見摩托車拼命地往前衝了幾下，最多不過挪動了半尺，便被表演者拽住，動彈不得。油門儘管已加到最大，摩托車尾冒出股股黑煙，表演者寸步不讓，他用力向後拉，身成弓狀，臉色紫紅，青筋暴露，摩托車一步步被拉了回來，一直向後拖了五六公尺，表演者才告罷休。當表演者吐出口中的手帕時，人們見到上邊有斑斑血跡，大概是用力時牙齦出的血吧。

這個表演任何一個健康的伙子都可以勝任。

醫學專家認為，人的牙齒的咬合力是相當大的，個別人甚至可以達到臂力的極限，也就是說，能舉起多重分量的人，往往也能叼動多重分量的東西，當然，叼東西的前提是牙齒健康，否則，再大的咬合力也沒用。

手帕塞滿嘴，用全部的牙齒來咬合。因為只用前邊的幾顆門牙是危險的。不讓陌生人或沒配合過的人駕駛摩托車。不隨便用不了解其性能的摩托車。表演時頭盡力向後仰，脖子繃住勁。

總之，具備健康身體，有表演勇氣，操作細心這三項便能勝任口叼摩托車的表演。至於練沒練過氣功，懂不懂氣功，都沒關係。

嘴叼鋼車

助手推上一部黑色自行車。表演者站到車尾，從身上抽下一條手帕，拴在自行車的貨架上，然後練一陣功，功畢，雙手叉腰，俯身叼起那塊繫在車上的手帕，屏息凝神，像是在內聚能量，然後，猛一用力，自行車離地了，但離開地速度很慢，他艱難地向上叼上著，臉脹得像要破裂，觀衆無不為他捏把汗，許多人不由自主地繃緊了自己身體的某一部分。可是，車畢竟太重了，小伙子左腿一顫，左身一歪，好不容易叼到半空中的自行車又摔了下來。

人們用信任的目光和掌聲向這位功虧一簣的大力士表示鼓勵和安慰。表演者從這種鼓勵和安慰中汲取了力量。他雙目圓瞪，面如豬肝，腳下踉踉蹌蹌，高高叼起了自行車，而且繞場一周。人們用有節奏的掌聲發出感嘆……。

實際上，自行車是靠肚子給拱起來的，牙齒叼住的手帕繫在自行車上，只是選準了一個支點，全部表演的奧秘，只是國中生必學的槓杆原理。

拉動汽車

汽車發動起來，徐徐前進，表演者於車尾部向後用力，只見他拼盡力氣向後拉，果然，汽車沒走幾步便停了下來，形成「相持」的局面，表演者使出更大的爆發力，汽車司機也把油門加到了最大，表演者的吼叫聲與汽車的轟鳴聲交織在一起，很有些撼人心魄的力量，加之大油門後排出廢氣中夾雜的焦糊味，越發使人感到驚心動魄。「相持」後，氣功師終於把汽車拉動了，向後一公尺、二公尺、五公尺……一頭鋼鐵的龐然大物，像一隻被馭手馴服了的野馬，低眉順眼地任表演者牽著鼻子走。

這裡邊奧妙是表演者與司機聯手表演。司機也是表演者。

當表演者準備好後，司機掛檔，踩油門，汽車前進，這時，表演者在後邊拖當然拖不動，只有跟著向前走。片刻，車停下了，觀衆以為是表演者拉停下了，其實是司機踩了離合器，使齒輪空轉，整個汽車處於沒有動力驅動的狀態，這時，司機空踩油門，汽車轟鳴聲很大，尾部冒出許多嗆人的黑煙，而整個車身停在那兒。

這時的車沒有下閘，司機再把檔摘了，就等於是四個膠皮輪支承，所以一般人都可以拉動，知道了這些，表演者把汽車拉停下又拉回來，就不奇怪了。

主要參考書目

神仙戲術　（明）陳眉公著述　（日）山本慶一珍藏

鵝幻匯編　（清）唐芸洲著

中國的魔術　傅騰龍、徐秋編著　人民出版社出版

中國雜技史　傅起鳳、傅騰龍著　上海人民出版社

魔術世界　傅騰龍、陳容光著　上海文學出版社

神跡與魔術　沃爾特・B・吉布森著　明天出版社

現代魔術入門　劉樹正、劉廷玉著　四川科技出版社

魔術大全　（美）馬克・威爾遜著　湖南人民出版社

西洋魔術　陳鈺鵬編譯　上海科學技術出版社

魔術秘訣　金吉雲編　上海中央書店印行

化學遊戲　王常編　中國科學圖書儀器公司印行

《江湖內幕》　連闊如　中國民間文藝出版社

《天橋》　白夜、沈穎　新華出版社

《黑白人生——江湖內幕》 曹俊山著 華夏出版社
《當代江湖秘錄》 劉靜生著 中國華僑出版社
《江湖八大門》 庸人 四川人民出版社
《氣功與騙術》 劉正、司馬南 中國醫藥科技出版社
《大自然的魂魄——記自然中心功能傳授者張香玉》 李培才 長虹出版社
《當代科學新天地——嚴新氣功介紹》 明真著 新華出版社
《大氣功師出山》 紀一著 華齡出版社
《氣在中國——十年中國氣功大潮洩密》 紀一著 國際文化出版社
《超功能修煉法》 曉鳴 中國醫藥科技出版社
《偽氣功揭秘》 司馬南 三環出版社
《神功辨偽——一個氣功大師的自白》 司馬南 中國華僑出版社
特異功能揭秘 （意）皮耶羅・安杰拉著 人民體育出版社

科學與怪異　（美）喬治O·阿貝爾著　上海科學技術出版社
氣功與偽氣功　郭正誼、申振鈺主編　北京出版社
剖析洋迷信　郭正誼、申振鈺等編　北京出版社
人類神秘現象大破譯　徐建生、黃祖堯編譯　人民中國出版社
中國巫術　張紫晨著　上海三聯書店
神猜術　猜破天編　湖北科技出版社
勾魂攝魄催眠術　（日）丹波哲郎著　中國醫藥科技出版社

大展出版社有限公司	圖書目錄
地址：台北市北投區11204 致遠一路二段12巷1號 郵撥： 0166955～1	電話：(02) 8236031 8236033 傳眞：(02) 8272069

•法律專欄連載• 電腦編號 58

台大法學院 法律學系／策劃
法律服務社／編著

①別讓您的權利睡著了1	200元
②別讓您的權利睡著了2	200元

•秘傳占卜系列• 電腦編號 14

①手相術	淺野八郎著	150元
②人相術	淺野八郎著	150元
③西洋占星術	淺野八郎著	150元
④中國神奇占卜	淺野八郎著	150元
⑤夢判斷	淺野八郎著	150元
⑥前世、來世占卜	淺野八郎著	150元
⑦法國式血型學	淺野八郎著	150元
⑧靈感、符咒學	淺野八郎著	150元
⑨紙牌占卜學	淺野八郎著	150元
⑩ＥＳＰ超能力占卜	淺野八郎著	150元
⑪猶太數的秘術	淺野八郎著	150元
⑫新心理測驗	淺野八郎著	160元

•趣味心理講座• 電腦編號 15

①性格測驗1	探索男與女	淺野八郎著	140元
②性格測驗2	透視人心奧秘	淺野八郎著	140元
③性格測驗3	發現陌生的自己	淺野八郎著	140元
④性格測驗4	發現你的眞面目	淺野八郎著	140元
⑤性格測驗5	讓你們吃驚	淺野八郎著	140元
⑥性格測驗6	洞穿心理盲點	淺野八郎著	140元
⑦性格測驗7	探索對方心理	淺野八郎著	140元
⑧性格測驗8	由吃認識自己	淺野八郎著	140元
⑨性格測驗9	戀愛知多少	淺野八郎著	140元

⑩性格測驗10	由裝扮瞭解人心	淺野八郎著	140元
⑪性格測驗11	敲開內心玄機	淺野八郎著	140元
⑫性格測驗12	透視你的未來	淺野八郎著	140元
⑬血型與你的一生		淺野八郎著	160元
⑭趣味推理遊戲		淺野八郎著	160元
⑮行爲語言解析		淺野八郎著	160元

•婦 幼 天 地• 電腦編號16

①八萬人減肥成果	黃靜香譯	180元
②三分鐘減肥體操	楊鴻儒譯	150元
③窈窕淑女美髮秘訣	柯素娥譯	130元
④使妳更迷人	成　玉譯	130元
⑤女性的更年期	官舒妍編譯	160元
⑥胎內育兒法	李玉瓊編譯	150元
⑦早產兒袋鼠式護理	唐岱蘭譯	200元
⑧初次懷孕與生產	婦幼天地編譯組	180元
⑨初次育兒12個月	婦幼天地編譯組	180元
⑩斷乳食與幼兒食	婦幼天地編譯組	180元
⑪培養幼兒能力與性向	婦幼天地編譯組	180元
⑫培養幼兒創造力的玩具與遊戲	婦幼天地編譯組	180元
⑬幼兒的症狀與疾病	婦幼天地編譯組	180元
⑭腿部苗條健美法	婦幼天地編譯組	150元
⑮女性腰痛別忽視	婦幼天地編譯組	150元
⑯舒展身心體操術	李玉瓊編譯	130元
⑰三分鐘臉部體操	趙薇妮著	160元
⑱生動的笑容表情術	趙薇妮著	160元
⑲心曠神怡減肥法	川津祐介著	130元
⑳內衣使妳更美麗	陳玄茹譯	130元
㉑瑜伽美姿美容	黃靜香編著	150元
㉒高雅女性裝扮學	陳珮玲譯	180元
㉓蠶糞肌膚美顏法	坂梨秀子著	160元
㉔認識妳的身體	李玉瓊譯	160元
㉕產後恢復苗條體態	居理安•芙萊喬著	200元
㉖正確護髮美容法	山崎伊久江著	180元
㉗安琪拉美姿養生學	安琪拉蘭斯博瑞著	180元
㉘女體性醫學剖析	增田豐著	220元
㉙懷孕與生產剖析	岡部綾子著	180元
㉚斷奶後的健康育兒	東城百合子著	220元
㉛引出孩子幹勁的責罵藝術	多湖輝著	170元
㉜培養孩子獨立的藝術	多湖輝著	170元

㉝子宮肌瘤與卵巢囊腫	陳秀琳編著	180元
㉞下半身減肥法	納他夏・史達賓著	180元
㉟女性自然美容法	吳雅菁編著	180元

・青春天地・電腦編號17

①A血型與星座	柯素娥編譯	120元
②B血型與星座	柯素娥編譯	120元
③O血型與星座	柯素娥編譯	120元
④AB血型與星座	柯素娥編譯	120元
⑤青春期性教室	呂貴嵐編譯	130元
⑥事半功倍讀書法	王毅希編譯	150元
⑦難解數學破題	宋釗宜編譯	130元
⑧速算解題技巧	宋釗宜編譯	130元
⑨小論文寫作秘訣	林顯茂編譯	120元
⑪中學生野外遊戲	熊谷康編著	120元
⑫恐怖極短篇	柯素娥編譯	130元
⑬恐怖夜話	小毛驢編譯	130元
⑭恐怖幽默短篇	小毛驢編譯	120元
⑮黑色幽默短篇	小毛驢編譯	120元
⑯靈異怪談	小毛驢編譯	130元
⑰錯覺遊戲	小毛驢編譯	130元
⑱整人遊戲	小毛驢編著	150元
⑲有趣的超常識	柯素娥編譯	130元
⑳哦！原來如此	林慶旺編譯	130元
㉑趣味競賽100種	劉名揚編譯	120元
㉒數學謎題入門	宋釗宜編譯	150元
㉓數學謎題解析	宋釗宜編譯	150元
㉔透視男女心理	林慶旺編譯	120元
㉕少女情懷的自白	李桂蘭編譯	120元
㉖由兄弟姊妹看命運	李玉瓊編譯	130元
㉗趣味的科學魔術	林慶旺編譯	150元
㉘趣味的心理實驗室	李燕玲編譯	150元
㉙愛與性心理測驗	小毛驢編譯	130元
㉚刑案推理解謎	小毛驢編譯	130元
㉛偵探常識推理	小毛驢編譯	130元
㉜偵探常識解謎	小毛驢編譯	130元
㉝偵探推理遊戲	小毛驢編譯	130元
㉞趣味的超魔術	廖玉山編著	150元
㉟趣味的珍奇發明	柯素娥編著	150元
㊱登山用具與技巧	陳瑞菊編著	150元

•健 康 天 地•電腦編號18

①壓力的預防與治療	柯素娥編譯	130元
②超科學氣的魔力	柯素娥編譯	130元
③尿療法治病的神奇	中尾良一著	130元
④鐵證如山的尿療法奇蹟	廖玉山譯	120元
⑤一日斷食健康法	葉慈容編譯	150元
⑥胃部強健法	陳炳崑譯	120元
⑦癌症早期檢查法	廖松濤譯	160元
⑧老人痴呆症防止法	柯素娥編譯	130元
⑨松葉汁健康飲料	陳麗芬編譯	130元
⑩揉肚臍健康法	永井秋夫著	150元
⑪過勞死、猝死的預防	卓秀貞編譯	130元
⑫高血壓治療與飲食	藤山順豐著	150元
⑬老人看護指南	柯素娥編譯	150元
⑭美容外科淺談	楊啟宏著	150元
⑮美容外科新境界	楊啟宏著	150元
⑯鹽是天然的醫生	西英司郎著	140元
⑰年輕十歲不是夢	梁瑞麟譯	200元
⑱茶料理治百病	桑野和民著	180元
⑲綠茶治病寶典	桑野和民著	150元
⑳杜仲茶養顏減肥法	西田博著	150元
㉑蜂膠驚人療效	瀨長良三郎著	150元
㉒蜂膠治百病	瀨長良三郎著	180元
㉓醫藥與生活	鄭炳全著	180元
㉔鈣長生寶典	落合敏著	180元
㉕大蒜長生寶典	木下繁太郎著	160元
㉖居家自我健康檢查	石川恭三著	160元
㉗永恒的健康人生	李秀鈴譯	200元
㉘大豆卵磷脂長生寶典	劉雪卿譯	150元
㉙芳香療法	梁艾琳譯	160元
㉚醋長生寶典	柯素娥譯	180元
㉛從星座透視健康	席拉•吉蒂斯著	180元
㉜愉悅自在保健學	野本二士夫著	160元
㉝裸睡健康法	丸山淳士等著	160元
㉞糖尿病預防與治療	藤田順豐著	180元
㉟維他命長生寶典	菅原明子著	180元
㊱維他命C新效果	鐘文訓編	150元
㊲手、腳病理按摩	堤芳郎著	160元
㊳AIDS瞭解與預防	彼得塔歇爾著	180元

㊴甲殼質殼聚糖健康法	沈永嘉譯	160元
㊵神經痛預防與治療	木下眞男著	160元
㊶室內身體鍛鍊法	陳炳崑編著	160元
㊷吃出健康藥膳	劉大器編著	180元
㊸自我指壓術	蘇燕謀編著	160元
㊹紅蘿蔔汁斷食療法	李玉瓊編著	150元
㊺洗心術健康秘法	竺翠萍編譯	170元
㊻枇杷葉健康療法	柯素娥編譯	180元
㊼抗衰血癒	楊啟宏著	180元
㊽與癌搏鬥記	逸見政孝著	180元
㊾冬蟲夏草長生寶典	高橋義博著	170元
㊿痔瘡・大腸疾病先端療法	宮島伸宜著	180元
51膠布治癒頑固慢性病	加瀨建造著	180元
52芝麻神奇健康法	小林貞作著	170元
53香煙能防止癡呆？	高田明和著	180元
54穀菜食治癌療法	佐藤成志著	180元

・實用女性學講座・電腦編號 19

①解讀女性內心世界	島田一男著	150元
②塑造成熟的女性	島田一男著	150元
③女性整體裝扮學	黃靜香編著	180元
④女性應對禮儀	黃靜香編著	180元

・校 園 系 列・電腦編號 20

①讀書集中術	多湖輝著	150元
②應考的訣竅	多湖輝著	150元
③輕鬆讀書贏得聯考	多湖輝著	150元
④讀書記憶秘訣	多湖輝著	150元
⑤視力恢復！超速讀術	江錦雲譯	180元
⑥讀書36計	黃柏松編著	180元
⑦驚人的速讀術	鐘文訓編著	170元

・實用心理學講座・電腦編號 21

①拆穿欺騙伎倆	多湖輝著	140元
②創造好構想	多湖輝著	140元
③面對面心理術	多湖輝著	160元
④僞裝心理術	多湖輝著	140元
⑤透視人性弱點	多湖輝著	140元

⑥自我表現術	多湖輝著	150元
⑦不可思議的人性心理	多湖輝著	150元
⑧催眠術入門	多湖輝著	150元
⑨責罵部屬的藝術	多湖輝著	150元
⑩精神力	多湖輝著	150元
⑪厚黑說服術	多湖輝著	150元
⑫集中力	多湖輝著	150元
⑬構想力	多湖輝著	150元
⑭深層心理術	多湖輝著	160元
⑮深層語言術	多湖輝著	160元
⑯深層說服術	多湖輝著	180元
⑰掌握潛在心理	多湖輝著	160元
⑱洞悉心理陷阱	多湖輝著	180元
⑲解讀金錢心理	多湖輝著	180元
⑳拆穿語言圈套	多湖輝著	180元
㉑語言的心理戰	多湖輝著	180元

•超現實心理講座•電腦編號 22

①超意識覺醒法	詹蔚芬編譯	130元
②護摩秘法與人生	劉名揚編譯	130元
③秘法！超級仙術入門	陸　明譯	150元
④給地球人的訊息	柯素娥編著	150元
⑤密教的神通力	劉名揚編著	130元
⑥神秘奇妙的世界	平川陽一著	180元
⑦地球文明的超革命	吳秋嬌譯	200元
⑧力量石的秘密	吳秋嬌譯	180元
⑨超能力的靈異世界	馬小莉譯	200元
⑩逃離地球毀滅的命運	吳秋嬌譯	200元
⑪宇宙與地球終結之謎	南山宏著	200元
⑫驚世奇功揭秘	傅起鳳著	200元
⑬啟發身心潛力心象訓練法	栗田昌裕著	180元
⑭仙道術遁甲法	高藤聰一郎著	220元
⑮神通力的秘密	中岡俊哉著	180元

•養　生　保　健•電腦編號 23

①醫療養生氣功	黃孝寬著	250元
②中國氣功圖譜	余功保著	230元
③少林醫療氣功精粹	井玉蘭著	250元
④龍形實用氣功	吳大才等著	220元

⑤魚戲增視強身氣功	宮　嬰著	220元
⑥嚴新氣功	前新培金著	250元
⑦道家玄牝氣功	張　章著	200元
⑧仙家秘傳袪病功	李遠國著	160元
⑨少林十大健身功	秦慶豐著	180元
⑩中國自控氣功	張明武著	250元
⑪醫療防癌氣功	黃孝寬著	250元
⑫醫療強身氣功	黃孝寬著	250元
⑬醫療點穴氣功	黃孝寬著	250元
⑭中國八卦如意功	趙維漢著	180元
⑮正宗馬禮堂養氣功	馬禮堂著	420元
⑯秘傳道家筋經內丹功	王慶餘著	280元
⑰三元開慧功	辛桂林著	250元
⑱防癌治癌新氣功	郭　林著	180元
⑲禪定與佛家氣功修煉	劉天君著	200元
⑳顚倒之術	梅自強著	元
㉑簡明氣功辭典	吳家駿編	元

・社會人智囊・電腦編號 24

①糾紛談判術	清水增三著	160元
②創造關鍵術	淺野八郎著	150元
③觀人術	淺野八郎著	180元
④應急詭辯術	廖英迪編著	160元
⑤天才家學習術	木原武一著	160元
⑥猫型狗式鑑人術	淺野八郎著	180元
⑦逆轉運掌握術	淺野八郎著	180元
⑧人際圓融術	澀谷昌三著	160元
⑨解讀人心術	淺野八郎著	180元
⑩與上司水乳交融術	秋元隆司著	180元
⑪男女心態定律	小田晉著	180元
⑫幽默說話術	林振輝編著	200元
⑬人能信賴幾分	淺野八郎著	180元
⑭我一定能成功	李玉瓊譯	元
⑮獻給青年的嘉言	陳蒼杰譯	元
⑯知人、知面、知其心	林振輝編著	元

・精選系列・電腦編號 25

①毛澤東與鄧小平	渡邊利夫等著	280元
②中國大崩裂	江戶介雄著	180元

③台灣・亞洲奇蹟	上村幸治著	220元
④7-ELEVEN高盈收策略	國友隆一著	180元
⑤台灣獨立	森　詠著	200元
⑥迷失中國的末路	江戶雄介著	220元
⑦2000年5月全世界毀滅	紫藤甲子男著	180元

・運動遊戲・電腦編號26

①雙人運動	李玉瓊譯	160元
②愉快的跳繩運動	廖玉山譯	180元
③運動會項目精選	王佑京譯	150元
④肋木運動	廖玉山譯	150元
⑤測力運動	王佑宗譯	150元

・銀髮族智慧學・電腦編號28

①銀髮六十樂逍遙	多湖輝著	170元
②人生六十反年輕	多湖輝著	170元
③六十歲的決斷	多湖輝著	170元

・心靈雅集・電腦編號00

①禪言佛語看人生	松濤弘道著	180元
②禪密教的奧秘	葉逯謙譯	120元
③觀音大法力	田口日勝著	120元
④觀音法力的大功德	田口日勝著	120元
⑤達摩禪106智慧	劉華亭編譯	150元
⑥有趣的佛教研究	葉逯謙編譯	120元
⑦夢的開運法	蕭京凌譯	130元
⑧禪學智慧	柯素娥編譯	130元
⑨女性佛教入門	許俐萍譯	110元
⑩佛像小百科	心靈雅集編譯組	130元
⑪佛教小百科趣談	心靈雅集編譯組	120元
⑫佛教小百科漫談	心靈雅集編譯組	150元
⑬佛教知識小百科	心靈雅集編譯組	150元
⑭佛學名言智慧	松濤弘道著	220元
⑮釋迦名言智慧	松濤弘道著	220元
⑯活人禪	平田精耕著	120元
⑰坐禪入門	柯素娥編譯	150元
⑱現代禪悟	柯素娥編譯	130元
⑲道元禪師語錄	心靈雅集編譯組	130元

⑳佛學經典指南	心靈雅集編譯組	130元
㉑何謂「生」　阿含經	心靈雅集編譯組	150元
㉒一切皆空　般若心經	心靈雅集編譯組	150元
㉓超越迷惘　法句經	心靈雅集編譯組	130元
㉔開拓宇宙觀　華嚴經	心靈雅集編譯組	130元
㉕真實之道　法華經	心靈雅集編譯組	130元
㉖自由自在　涅槃經	心靈雅集編譯組	130元
㉗沈默的教示　維摩經	心靈雅集編譯組	150元
㉘開通心眼　佛語佛戒	心靈雅集編譯組	130元
㉙揭秘寶庫　密教經典	心靈雅集編譯組	130元
㉚坐禪與養生	廖松濤譯	110元
㉛釋尊十戒	柯素娥編譯	120元
㉜佛法與神通	劉欣如編著	120元
㉝悟（正法眼藏的世界）	柯素娥編譯	120元
㉞只管打坐	劉欣如編著	120元
㉟喬答摩・佛陀傳	劉欣如編著	120元
㊱唐玄奘留學記	劉欣如編著	120元
㊲佛教的人生觀	劉欣如編譯	110元
㊳無門關（上卷）	心靈雅集編譯組	150元
㊴無門關（下卷）	心靈雅集編譯組	150元
㊵業的思想	劉欣如編著	130元
㊶佛法難學嗎	劉欣如著	140元
㊷佛法實用嗎	劉欣如著	140元
㊸佛法殊勝嗎	劉欣如著	140元
㊹因果報應法則	李常傳編	140元
㊺佛教醫學的奧秘	劉欣如編著	150元
㊻紅塵絕唱	海　若著	130元
㊼佛教生活風情	洪丕謨、姜玉珍著	220元
㊽行住坐臥有佛法	劉欣如著	160元
㊾起心動念是佛法	劉欣如著	160元
㊿四字禪語	曹洞宗青年會	200元
51妙法蓮華經	劉欣如編著	160元
52根本佛教與大乘佛教	葉作森編	180元

・經　營　管　理・電腦編號 01

◎創新經營管理六十六大計（精）	蔡弘文編	780元
①如何獲取生意情報	蘇燕謀譯	110元
②經濟常識問答	蘇燕謀譯	130元
④台灣商戰風雲錄	陳中雄著	120元
⑤推銷大王秘錄	原一平著	180元

⑥新創意・賺大錢	王家成譯	90元
⑦工廠管理新手法	琪　輝著	120元
⑨經營參謀	柯順隆譯	120元
⑩美國實業24小時	柯順隆譯	80元
⑪撼動人心的推銷法	原一平著	150元
⑫高竿經營法	蔡弘文編	120元
⑬如何掌握顧客	柯順隆譯	150元
⑭一等一賺錢策略	蔡弘文編	120元
⑯成功經營妙方	鐘文訓著	120元
⑰一流的管理	蔡弘文編	150元
⑱外國人看中韓經濟	劉華亭譯	150元
⑳突破商場人際學	林振輝編著	90元
㉑無中生有術	琪輝編著	140元
㉒如何使女人打開錢包	林振輝編著	100元
㉓操縱上司術	邑井操著	90元
㉔小公司經營策略	王嘉誠著	160元
㉕成功的會議技巧	鐘文訓編譯	100元
㉖新時代老闆學	黃柏松編著	100元
㉗如何創造商場智囊團	林振輝編譯	150元
㉘十分鐘推銷術	林振輝編譯	180元
㉙五分鐘育才	黃柏松編譯	100元
㉚成功商場戰術	陸明編譯	100元
㉛商場談話技巧	劉華亭編譯	120元
㉜企業帝王學	鐘文訓譯	90元
㉝自我經濟學	廖松濤編譯	100元
㉞一流的經營	陶田生編著	120元
㉟女性職員管理術	王昭國編譯	120元
㊱ＩＢＭ的人事管理	鐘文訓編譯	150元
㊲現代電腦常識	王昭國編譯	150元
㊳電腦管理的危機	鐘文訓編譯	120元
㊴如何發揮廣告效果	王昭國編譯	150元
㊵最新管理技巧	王昭國編譯	150元
㊶一流推銷術	廖松濤編譯	150元
㊷包裝與促銷技巧	王昭國編譯	130元
㊸企業王國指揮塔	松下幸之助著	120元
㊹企業精銳兵團	松下幸之助著	120元
㊺企業人事管理	松下幸之助著	100元
㊻華僑經商致富術	廖松濤編譯	130元
㊼豐田式銷售技巧	廖松濤編譯	180元
㊽如何掌握銷售技巧	王昭國編著	130元
㊿洞燭機先的經營	鐘文訓編譯	150元

㉜新世紀的服務業	鐘文訓編譯	100元
㉝成功的領導者	廖松濤編譯	120元
㉞女推銷員成功術	李玉瓊編譯	130元
㉟ＩＢＭ人才培育術	鐘文訓編譯	100元
㊱企業人自我突破法	黃琪輝編著	150元
㊳財富開發術	蔡弘文編著	130元
㊴成功的店舖設計	鐘文訓編著	150元
㊶企管回春法	蔡弘文編著	130元
㊷小企業經營指南	鐘文訓編譯	100元
㊸商場致勝名言	鐘文訓編譯	150元
㊹迎接商業新時代	廖松濤編譯	100元
㊻新手股票投資入門	何朝乾 編	180元
㊼上揚股與下跌股	何朝乾編譯	180元
㊽股票速成學	何朝乾編譯	200元
㊾理財與股票投資策略	黃俊豪編著	180元
㊿黃金投資策略	黃俊豪編著	180元
71厚黑管理學	廖松濤編譯	180元
72股市致勝格言	呂梅莎編譯	180元
73透視西武集團	林谷燁編譯	150元
76巡迴行銷術	陳蒼杰譯	150元
77推銷的魔術	王嘉誠譯	120元
78 60秒指導部屬	周蓮芬編譯	150元
79精銳女推銷員特訓	李玉瓊編譯	130元
80企劃、提案、報告圖表的技巧	鄭 汶 譯	180元
81海外不動產投資	許達守編譯	150元
82八百件的世界策略	李玉瓊譯	150元
83服務業品質管理	吳宜芬譯	180元
84零庫存銷售	黃東謙編譯	150元
85三分鐘推銷管理	劉名揚編譯	150元
86推銷大王奮鬥史	原一平著	150元
87豐田汽車的生產管理	林谷燁編譯	150元

・成 功 寶 庫・電腦編號 02

①上班族交際術	江森滋著	100元
②拍馬屁訣竅	廖玉山編譯	110元
④聽話的藝術	歐陽輝編譯	110元
⑨求職轉業成功術	陳 義編著	110元
⑩上班族禮儀	廖玉山編著	120元
⑪接近心理學	李玉瓊編著	100元
⑫創造自信的新人生	廖松濤編著	120元

⑭上班族如何出人頭地	廖松濤編著	100元
⑮神奇瞬間瞑想法	廖松濤編譯	100元
⑯人生成功之鑰	楊意苓編著	150元
⑲給企業人的諍言	鐘文訓編著	120元
⑳企業家自律訓練法	陳　義編譯	100元
㉑上班族妖怪學	廖松濤編著	100元
㉒猶太人縱橫世界的奇蹟	孟佑政編著	110元
㉓訪問推銷術	黃静香編著	130元
㉕你是上班族中強者	嚴思圖編著	100元
㉖向失敗挑戰	黃静香編著	100元
㉙機智應對術	李玉瓊編著	130元
㉚成功頓悟100則	蕭京凌編譯	130元
㉛掌握好運100則	蕭京凌編譯	110元
㉜知性幽默	李玉瓊編譯	130元
㉝熟記對方絕招	黃静香編譯	100元
㉞男性成功秘訣	陳蒼杰編譯	130元
㊱業務員成功秘方	李玉瓊編著	120元
㊲察言觀色的技巧	劉華亭編著	130元
㊳一流領導力	施義彥編譯	120元
㊴一流說服力	李玉瓊編著	130元
㊵30秒鐘推銷術	廖松濤編譯	150元
㊶猶太成功商法	周蓮芬編譯	120元
㊷尖端時代行銷策略	陳蒼杰編著	100元
㊸顧客管理學	廖松濤編著	100元
㊹如何使對方說Yes	程　羲編著	150元
㊺如何提高工作效率	劉華亭編著	150元
㊼上班族口才學	楊鴻儒譯	120元
㊽上班族新鮮人須知	程　羲編著	120元
㊾如何左右逢源	程　羲編著	130元
㊿語言的心理戰	多湖輝著	130元
51扣人心弦演說術	劉名揚編著	120元
53如何增進記憶力、集中力	廖松濤譯	130元
55性惡企業管理學	陳蒼杰譯	130元
56自我啟發200招	楊鴻儒編著	150元
57做個傑出女職員	劉名揚編著	130元
58靈活的集團營運術	楊鴻儒編著	120元
60個案研究活用法	楊鴻儒編著	130元
61企業教育訓練遊戲	楊鴻儒編著	120元
62管理者的智慧	程　義編譯	130元
63做個佼佼管理者	馬筱莉編譯	130元
64智慧型說話技巧	沈永嘉編譯	130元

⑯活用佛學於經營	松濤弘道著	150元
⑰活用禪學於企業	柯素娥編譯	130元
⑱詭辯的智慧	沈永嘉編譯	150元
⑲幽默詭辯術	廖玉山編譯	150元
⑳拿破崙智慧箴言	柯素娥編譯	130元
㉑自我培育・超越	蕭京凌編譯	150元
㉔時間即一切	沈永嘉編譯	130元
㉕自我脫胎換骨	柯素娥譯	150元
㉖贏在起跑點—人才培育鐵則	楊鴻儒編譯	150元
㉗做一枚活棋	李玉瓊編譯	130元
㉘面試成功戰略	柯素娥編譯	130元
㉙自我介紹與社交禮儀	柯素娥編譯	150元
㉚說NO的技巧	廖玉山編譯	130元
㉛瞬間攻破心防法	廖玉山編譯	120元
㉜改變一生的名言	李玉瓊編譯	130元
㉝性格性向創前程	楊鴻儒編譯	130元
㉞訪問行銷新竅門	廖玉山編譯	150元
㉟無所不達的推銷話術	李玉瓊編譯	150元

・處世智慧・電腦編號 03

①如何改變你自己	陸明編譯	120元
④幽默說話術	林振輝編譯	120元
⑤讀書36計	黃柏松編譯	120元
⑥靈感成功術	譚繼山編譯	80元
⑧扭轉一生的五分鐘	黃柏松編譯	100元
⑨知人、知面、知其心	林振輝譯	110元
⑩現代人的詭計	林振輝譯	100元
⑫如何利用你的時間	蘇遠謀譯	80元
⑬口才必勝術	黃柏松編譯	120元
⑭女性的智慧	譚繼山編譯	90元
⑮如何突破孤獨	張文志編譯	80元
⑯人生的體驗	陸明編譯	80元
⑰微笑社交術	張芳明譯	90元
⑱幽默吹牛術	金子登著	90元
⑲攻心說服術	多湖輝著	100元
⑳當機立斷	陸明編譯	70元
㉑勝利者的戰略	宋恩臨編譯	80元
㉒如何交朋友	安紀芳編著	70元
㉓鬥智奇謀（諸葛孔明兵法）	陳炳崑著	70元
㉔慧心良言	亦　奇著	80元

㉕名家慧語	蔡逸鴻主編	90元
㉗稱霸者啟示金言	黃柏松編譯	90元
㉘如何發揮你的潛能	陸明編譯	90元
㉙女人身態語言學	李常傳譯	130元
㉚摸透女人心	張文志譯	90元
㉛現代戀愛秘訣	王家成譯	70元
㉜給女人的悄悄話	妮倩編譯	90元
㉞如何開拓快樂人生	陸明編譯	90元
㉟驚人時間活用法	鐘文訓譯	80元
㊱成功的捷徑	鐘文訓譯	70元
㊲幽默逗笑術	林振輝著	120元
㊳活用血型讀書法	陳炳崑譯	80元
㊴心　燈	葉于模著	100元
㊵當心受騙	林顯茂譯	90元
㊶心・體・命運	蘇燕謀譯	70元
㊷如何使頭腦更敏銳	陸明編譯	70元
㊸宮本武藏五輪書金言錄	宮本武藏著	100元
㊺勇者的智慧	黃柏松編譯	80元
㊼成熟的愛	林振輝譯	120元
㊽現代女性駕馭術	蔡德華著	90元
㊾禁忌遊戲	酒井潔著	90元
52摸透男人心	劉華亭編譯	80元
53如何達成願望	謝世輝著	90元
54創造奇蹟的「想念法」	謝世輝著	90元
55創造成功奇蹟	謝世輝著	90元
56男女幽默趣典	劉華亭譯	90元
57幻想與成功	廖松濤譯	80元
58反派角色的啟示	廖松濤編譯	70元
59現代女性須知	劉華亭編著	75元
61機智說話術	劉華亭編譯	100元
62如何突破內向	姜倩怡編譯	110元
64讀心術入門	王家成編譯	100元
65如何解除內心壓力	林美羽編著	110元
66取信於人的技巧	多湖輝著	110元
67如何培養堅強的自我	林美羽編著	90元
68自我能力的開拓	卓一凡編著	110元
70縱橫交涉術	嚴思圖編著	90元
71如何培養妳的魅力	劉文珊編著	90元
72魅力的力量	姜倩怡編著	90元
73金錢心理學	多湖輝著	100元
74語言的圈套	多湖輝著	110元

⑦⑤個性膽怯者的成功術	廖松濤編譯	100元
⑦⑥人性的光輝	文可式編著	90元
⑦⑨培養靈敏頭腦秘訣	廖玉山編著	90元
⑧⓪夜晚心理術	鄭秀美編譯	80元
⑧①如何做個成熟的女性	李玉瓊編著	80元
⑧②現代女性成功術	劉文珊編著	90元
⑧③成功說話技巧	梁惠珠編譯	100元
⑧④人生的真諦	鐘文訓編譯	100元
⑧⑤妳是人見人愛的女孩	廖松濤編著	120元
⑧⑦指尖・頭腦體操	蕭京凌編譯	90元
⑧⑧電話應對禮儀	蕭京凌編著	120元
⑧⑨自我表現的威力	廖松濤編譯	100元
⑨⓪名人名語啟示錄	喬家楓編著	100元
⑨①男與女的哲思	程鐘梅編譯	110元
⑨②靈思慧語	牧 風著	110元
⑨③心靈夜語	牧 風著	100元
⑨④激盪腦力訓練	廖松濤編譯	100元
⑨⑤三分鐘頭腦活性法	廖玉山編譯	110元
⑨⑥星期一的智慧	廖玉山編譯	100元
⑨⑦溝通說服術	賴文琇編譯	100元
⑨⑧超速讀超記憶法	廖松濤編譯	140元

・健康與美容・電腦編號 04

①B型肝炎預防與治療	曾慧琪譯	130元
③媚酒傳（中國王朝秘酒）	陸明主編	120元
④藥酒與健康果菜汁	成玉主編	150元
⑤中國回春健康術	蔡一藩著	100元
⑥奇蹟的斷食療法	蘇燕謀譯	110元
⑧健美食物法	陳炳崑譯	120元
⑨驚異的漢方療法	唐龍編著	90元
⑩不老強精食	唐龍編著	100元
⑫五分鐘跳繩健身法	蘇明達譯	100元
⑬睡眠健康法	王家成譯	80元
⑭你就是名醫	張芳明譯	90元
⑮如何保護你的眼睛	蘇燕謀譯	70元
⑲釋迦長壽健康法	譚繼山譯	90元
⑳腳部按摩健康法	譚繼山譯	120元
㉑自律健康法	蘇明達譯	90元
㉓身心保健座右銘	張仁福著	160元
㉔腦中風家庭看護與運動治療	林振輝譯	100元

㉕秘傳醫學人相術	成玉主編	120元
㉖導引術入門⑴治療慢性病	成玉主編	110元
㉗導引術入門⑵健康・美容	成玉主編	110元
㉘導引術入門⑶身心健康法	成玉主編	110元
㉙妙用靈藥・蘆薈	李常傳譯	150元
㉚萬病回春百科	吳通華著	150元
㉛初次懷孕的10個月	成玉編譯	130元
㉜中國秘傳氣功治百病	陳炳崑編譯	130元
㉟仙人長生不老學	陸明編譯	100元
㊱釋迦秘傳米粒刺激法	鐘文訓譯	120元
㊲痔・治療與預防	陸明編譯	130元
㊳自我防身絕技	陳炳崑編譯	120元
㊴運動不足時疲勞消除法	廖松濤譯	110元
㊵三溫暖健康法	鐘文訓編譯	90元
㊸維他命與健康	鐘文訓譯	150元
㊺森林浴—綠的健康法	劉華亭編譯	80元
㊼導引術入門⑷酒浴健康法	成玉主編	90元
㊽導引術入門⑸不老回春法	成玉主編	90元
㊾山白竹（劍竹）健康法	鐘文訓譯	90元
㊿解救你的心臟	鐘文訓編譯	100元
51牙齒保健法	廖玉山譯	90元
52超人氣功法	陸明編譯	110元
54借力的奇蹟⑴	力拔山著	100元
55借力的奇蹟⑵	力拔山著	100元
56五分鐘小睡健康法	呂添發撰	120元
57禿髮、白髮預防與治療	陳炳崑撰	120元
59艾草健康法	張汝明編譯	90元
60一分鐘健康診斷	蕭京凌編譯	90元
61念術入門	黃靜香編譯	90元
62念術健康法	黃靜香編譯	90元
63健身回春法	梁惠珠編譯	100元
64姿勢養生法	黃秀娟編譯	90元
65仙人瞑想法	鐘文訓譯	120元
66人蔘的神效	林慶旺譯	100元
67奇穴治百病	吳通華著	120元
68中國傳統健康法	靳海東著	100元
69下半身減肥法	納他夏・史達賓著	110元
70使妳的肌膚更亮麗	楊　皓編譯	100元
71酵素健康法	楊　皓編譯	120元
73腰痛預防與治療	五味雅吉著	100元
74如何預防心臟病・腦中風	譚定長等著	100元

⑺少女的生理秘密	蕭京凌譯	120元
⑯頭部按摩與針灸	楊鴻儒譯	100元
⑰雙極療術入門	林聖道著	100元
⑱氣功自療法	梁景蓮著	120元
⑲大蒜健康法	李玉瓊編譯	100元
㉑健胸美容秘訣	黃靜香譯	120元
㉒鍺奇蹟療效	林宏儒譯	120元
㉓三分鐘健身運動	廖玉山譯	120元
㉔尿療法的奇蹟	廖玉山譯	120元
㉕神奇的聚積療法	廖玉山譯	120元
㉖預防運動傷害伸展體操	楊鴻儒編譯	120元
㉘五日就能改變你	柯素娥譯	110元
㉙三分鐘氣功健康法	陳美華譯	120元
⑼痛風劇痛消除法	余昇凌譯	120元
⑼道家氣功術	早島正雄著	130元
⑼氣功減肥術	早島正雄著	120元
⑼超能力氣功法	柯素娥譯	130元
⑼氣的瞑想法	早島正雄著	120元

•家庭／生活•電腦編號05

①單身女郎生活經驗談	廖玉山編著	100元
②血型•人際關係	黃靜編著	120元
③血型•妻子	黃靜編著	110元
④血型•丈夫	廖玉山編譯	130元
⑤血型•升學考試	沈永嘉編譯	120元
⑥血型•臉型•愛情	鐘文訓編譯	120元
⑦現代社交須知	廖松濤編譯	100元
⑧簡易家庭按摩	鐘文訓編譯	150元
⑨圖解家庭看護	廖玉山編譯	120元
⑩生男育女隨心所欲	岡正基編著	160元
⑪家庭急救治療法	鐘文訓編著	100元
⑫新孕婦體操	林曉鐘譯	120元
⑬從食物改變個性	廖玉山編譯	100元
⑭藥草的自然療法	東城百合子著	200元
⑮糙米菜食與健康料理	東城百合子著	180元
⑯現代人的婚姻危機	黃　靜編著	90元
⑰親子遊戲　0歲	林慶旺編譯	100元
⑱親子遊戲　1～2歲	林慶旺編譯	110元
⑲親子遊戲　3歲	林慶旺編譯	100元
⑳女性醫學新知	林曉鐘編譯	130元

㉑媽媽與嬰兒	張汝明編譯	180元
㉒生活智慧百科	黃　靜編譯	100元
㉓手相・健康・你	林曉鐘編譯	120元
㉔菜食與健康	張汝明編譯	110元
㉕家庭素食料理	陳東達著	140元
㉖性能力活用秘法	米開・尼里著	150元
㉗兩性之間	林慶旺編譯	120元
㉘性感經穴健康法	蕭京凌編譯	150元
㉙幼兒推拿健康法	蕭京凌編譯	100元
㉚談中國料理	丁秀山編著	100元
㉛舌技入門	增田豐　著	160元
㉜預防癌症的飲食法	黃靜香編譯	150元
㉝性與健康寶典	黃靜香編譯	180元
㉞正確避孕法	蕭京凌編譯	130元
㉟吃的更漂亮美容食譜	楊萬里著	120元
㊱圖解交際舞速成	鐘文訓編譯	150元
㊲觀相導引術	沈永嘉譯	130元
㊳初為人母12個月	陳義譯	180元
㊴圖解麻將入門	顧安行編譯	160元
㊵麻將必勝秘訣	石利夫編譯	160元
㊶女性一生與漢方	蕭京凌編譯	100元
㊷家電的使用與修護	鐘文訓編譯	160元
㊸錯誤的家庭醫療法	鐘文訓編譯	100元
㊹簡易防身術	陳慧珍編譯	130元
㊺茶健康法	鐘文訓編譯	130元
㊻雞尾酒大全	劉雪卿譯	180元
㊼生活的藝術	沈永嘉編著	120元
㊽雜草雜果健康法	沈永嘉編著	120元
㊾如何選擇理想妻子	荒谷慈著	110元
㊿如何選擇理想丈夫	荒谷慈著	110元
51中國食與性的智慧	根本光人著	150元
52開運法話	陳宏男譯	100元
53禪語經典＜上＞	平田精耕著	150元
54禪語經典＜下＞	平田精耕著	150元
55手掌按摩健康法	鐘文訓譯	180元
56脚底按摩健康法	鐘文訓譯	150元
57仙道運氣健身法	高藤聰一郎著	150元
58健心、健體呼吸法	蕭京凌譯	120元
59自彊術入門	蕭京凌譯	120元
60指技入門	增田豐著	160元
61下半身鍛鍊法	增田豐著	180元

國家圖書館出版品預行編目資料

驚世奇功揭秘／傅起鳳編著——初版
——臺北市；大展，民85
面；　公分——（超現實心靈講座；12）
ISBN 957-557-624-1（平裝）

1. 異象

297　　85007223

行政院新聞局局版臺陸字第100683號核准
由北京人民體育出版社授權中文繁體字版

ISBN 957-557-624-1

驚世奇功揭秘

編 著 者／傅　起　鳳
發 行 人／蔡　森　明
出 版 者／大展出版社有限公司
社　　址／台北市北投區（石牌）
　　　　　致遠一路二段12巷1號
電　　話／(02) 8236031・8236033
傳　　眞／(02) 8272069
郵政劃撥／0166955－1
登 記 證／局版臺業字第2171號

承 印 者／高星企業有限公司
裝　　訂／日新裝訂所
排 版 者／千賓電腦打字有限公司
初　　版／1996年（民85年）9月
定　　價／200元

大展好書 好書大展

大展好書 好書大展